Dr. med. Gerdhild von Staabs
Der Scenotest

Dr. med. Gerdhild von Staabs

Der Scenotest

Beitrag zur Erfassung unbewußter
Problematik und charakterologischer Struktur
in Diagnostik und Therapie

9., unveränderte Auflage

Mit 4 farbigen und 38 schwarzweissen Abbildungen

Verlag Hans Huber
Bern Göttingen Toronto Seattle

Bibliografische Information der Deutschen Bibliothek
Die Deutsche Bibliothek verzeichnet diese Publikation in der Deutschen
Nationalbibliografie; detaillierte bibliografische Daten sind im Internet
über http://dnb.ddb.de abrufbar.

Nachdruck 2004
der 9., unveränderten Auflage 1992
© 1964/2004 by Verlag Hans Huber, Bern
Druck: AZ Druck und Datentechnik GmbH, Kempten
Photos: Horst Binder Berlin
Printed in Germany

INHALTSVERZEICHNIS

VORWORT

zur dritten Auflage

Die Herausgabe dieser vorliegenden Auflage hat sich aus äußeren Gründen hinausgezogen, obwohl die letzte Ausgabe schon seit langem vergriffen war.

Inzwischen sind durch die größere Verbreitung des Scenotests im In- und Ausland und durch die Ausdehnung seiner Anwendungsgebiete weitere Erkenntnisse gesammelt, die eine eingehende Überarbeitung des Buches erforderlich machten.

In der vorliegenden Auflage wird auf neue Erfahrungen aus dem Einsatz des Scenotests in der Psychiatrie eingegangen, in der er Einblicke in die psychopathologischen Erlebensweisen zu vermitteln und psychotherapeutische Behandlungen zu fördern vermag.

Die Ausführungen über die Anwendung des Scenotests in der Gerichtsmedizin sind erweitert und u. a. Untersuchungsergebnisse bei Kapitalverbrechen eingefügt worden.

Ferner wird eine neue Anwendungsart des Scenotests zur Erfassung speziell der Mutter—Kind-Beziehung beschrieben. Besonders erläutert wird die Technik des Scenotests; ein Beobachtungsbogen und Schemata zur Skizzierung und Protokollierung der erbauten Scenen, sowie zur Einordnung des Materialkastens sind angefügt.

Die zusätzlichen Erfahrungen, die insbesondere in Süd- und Nordamerika, sowie im Nahen Osten gewonnen sind, werden in der vorliegenden Auflage mit einbezogen und ausgewertet.

Da die Literatur über den Scenotest in Europa und Übersee seit dem Erscheinen der letzten Auflage dieses Buches sehr umfangreich geworden ist, kann nicht auf alle Arbeiten eingegangen werden. Im Literaturverzeichnis bemühe ich mich, die Veröffentlichungen nach dem neuesten Stand aufzuführen.

Mein Dank gilt allen Kollegen des In- und Auslandes, die durch ihre eigene Arbeit die Weiterentwicklung des Scenotests förderten. Insbesondere verdanke ich aus der Zeit des Beginns meiner Arbeit am Scenotest J. H. Schultz wertvolle Anregungen und Harald Schultz-Henke beson-

dere Hinweise in der tiefenpsychologischen Auswertung einzelner Scenen im Sinne seiner speziellen Neo-Analyse. Zu großem Dank verpflichtet bin ich auch den Universitäten und wissenschaftlichen Institutionen, die mir auf meinen Vortragsreisen in Europa, sowie in den letzten Jahren durch Süd-, Mittel- und Nordamerika und den Nahen Osten, Israel, Libanon, Türkei unmittelbaren Erfahrungsaustausch über den Scenotest ermöglichten, der seinen Niederschlag gleichfalls in dem vorliegenden Buch fand.

Berlin, im Januar 1964   GERDHILD VON STAABS

«Der Mensch ... ist nur da ganz Mensch,
wo er spielt.»

(Friedrich von Schiller, 1795)

EINLEITUNG

Der Scenotest (ScT), eine medizinisch-psychologische Untersuchungs- und Behandlungsmethode, dient als Beitrag zur Erfassung der seelischen Einstellung der Versuchsperson (Vp) gegenüber den Menschen und Dingen in der Welt, besonders in ihrem Bezug auf ihr affektives Leben unter spezieller Berücksichtigung tiefenpsychologischer Faktoren. Daneben vermittelt er ein Bild von der Gesamtstruktur der Vp, ihrer Wesensart, ihren Begabungen, bewußten Neigungen und Charaktereigenschaften.

Gleichzeitig kommen dabei auch die inneren Schwierigkeiten, die Problematik, in der sich ein Mensch dem Leben gegenüber befindet, zum Ausdruck — ein Vollzug, der für die Vp z. T. bewußt erfolgt, z. T. unbewußt, d. h. ihrem reflektierenden Denken nicht direkt oder nur schwer zugänglich.

Dadurch vermittelt diese Methode Einblicke in die tiefenpsychologischen Zusammenhänge seelischer Fehlhaltungen und bildet ein diagnostisches und therapeutisches Hilfsmittel, in Sonderheit bei Vorliegen neurotischer Störungen.

Der Scenotest ist von der Untersuchung neurotischer oder jedenfalls erziehungsschwieriger Kinder ausgegangen. Er will Hinweise geben, wo im Einzelfall die Probleme und Schwierigkeiten seelischer Art liegen, und inwiefern sie zu den Umweltfaktoren in Beziehung stehen. In die Therapie eingesetzt, mobilisiert er durch Ansprechen der Affekte verdrängte Antriebe und verhilft sie in der Distanz der Miniaturwelt auszuspielen, sie realitätsgerecht zu verarbeiten und dadurch eine gesunde Lebenshaltung zu gewinnen.

Als diagnostisches und therapeutisches Hilfsmittel ist die Anwendung des Scenotests in Europa allgemein gebräuchlich geworden und auch in anderen Kontinenten eingeführt. Es ist daher anzunehmen, daß er einem Bedürfnis entgegengekommen ist.

A ALLGEMEINER TEIL

I. Entwicklung und Struktur des Scenotests

Bei der Untersuchung und Behandlung neurotischer und erziehungsschwieriger Kinder in meiner nervenärztlichen Sprechstunde erschien es mir von Nutzen zu sein, schon bei der Erstuntersuchung zusätzlich zu den allgemein üblichen neurologisch-psychiatrischen Untersuchungsverfahren, die den körperlichen und psychischen Befund, die Intelligenzleistungen und die bewußte Gesamthaltung des Patienten ermitteln, eine Möglichkeit zu finden, relativ rasch und konkret Einblicke in die *unbewußte* Problematik und Konfliktlage des Patienten zu gewinnen. Ich suchte daher nach einem Mittel, die unbewußten Beziehungen und Auseinandersetzungen mit der nächsten Umwelt als zentrales Problem besonders der Neurosen im Kindesalter zu erfassen.

Eine Beobachtung aus meiner kinderpsychotherapeutischen Praxis ließ mich im Jahre 1938 zu der Konzeption meiner Methode kommen. Ein fünfjähriger Junge war wegen Stotterns in meiner Behandlung und spielte in einer «Wohnung», die er sich in meinem Sprechzimmer mit Hilfe eines Fenstervorhanges und einer geöffneten Schranktür «gebaut» hatte, ein selbsterdachtes Zwiegespräch zwischen einem Ehepaar. Hierbei zeigte sich, daß er in der Rolle des Ehemannes die Schlüssel hatte, das Geld verdiente, aber auch einholte, die Wohnung sauber machte und kochte, während er, sobald er als Ehefrau auftrat, nichts tat. Wie die ergänzende tiefenpsychologische Anamnese anzeigte, hatte der kleine Patient unbewußt seine häusliche Situation nachgestaltet, als er in seinem Spiel den Ehemann in dieser Weise überlastet darstellte.

Als uneheliches Kind wurde der intelligente Fünfjährige selbst von der unselbständigen ledigen Mutter überfordert, die wie mit einem erwachsenen Partner Sorgen und Kümmernisse ihres persönlichen und beruflichen Lebens mit ihm besprach.

Dies brachte mich auf den Gedanken, dem Kind eine Möglichkeit zu geben, alle Beziehungspersonen seiner Umgebung auftreten und durch lebendiges Wechselspiel mehrerer Personen seine Familienkonstellation deutlich werden und damit seine Welt in einer Art «Miniaturwelt» im Spiel zur Darstellung kommen zu lassen.

Den Kern meines Materials bildet daher neben zusätzlichen Gegenständen eine Anzahl bestimmter biegbarer Puppenfiguren, die Umweltpersonen jeglicher Altersstufe darstellen können. Ihre Biegbarkeit in allen Gelenken regt die Vp besonders an, wechselseitige Beziehungen, Stimmungen und Affekte der einzelnen Personen durch Gebärde und Haltung in scenischen Darstellungen zum Ausdruck zu bringen. Dies veranlaßt die Vp, ganz speziell ihre Affekte und Konflikte im Spiel zu erleben und sich mit ihnen auseinanderzusetzen.

Ein nach analytischen und psychologischen Gesichtspunkten ausgewähltes bestimmtes Zusatzmaterial verhilft gleichzeitig durch seinen dynamischen und Symbolcharakter dazu, Wesenszüge der in den einzelnen Puppenfiguren verkörperten Umweltpersonen in ihrem Verhältnis zueinander und in ihren Bezügen zur Welt darzustellen und überdies jede gewünschte Scenerie anzudeuten.

Mit erstaunlicher Bestimmtheit und Folgerichtigkeit spielen Kinder, Jugendliche und auch Erwachsene, wenn sie sich ihrem freien Einfall überlassen, mit diesem Material Scenen, die in irgendeiner Weise mit ihrem eigenen Erleben und ihren bewußten und unbewußten Problemen oder akuten Konfliktsituationen in Zusammenhang stehen.

Die aufgebauten Scenen, die dem Scenotest seinen Namen gegeben haben, vermitteln gleichzeitig auch Einblicke in die Art, wie die Vp selbst die Welt, hier als ihre Repräsentanten vornehmlich die Mitmenschen, erlebt und zu ihnen bewußt und unbewußt Stellung nimmt. Bei entsprechender Auswertung vermögen diese scenischen Darstellungen als Abbild des eigenen Erlebens der Vp Mittel an die Hand zu geben, die Persönlichkeitsdiagnostik zu vertiefen. Gleichzeitig können sie die Tatbestandsdiagnostik erweitern, da sie Hinweise auf Fakten der Anamnese geben, die nicht immer realitätsgerecht von der Vp oder den Angehörigen über das häusliche Milieu gemacht werden, was besonders bei Kindern wertvoll sein kann.

Die stets gleiche Zusammensetzung des Spielmaterials ermöglicht Vergleiche der Untersuchungsergebnisse auch bei verschiedenen Untersuchern. Deshalb wirkt dieses Verfahren, das sekundär auch zu therapeutischen Zwecken in einen Behandlungsverlauf eingeordnet werden kann, primär als Test. Es ist anwendbar vom 3. Lebensjahr bis ins höhere Alter.

II. Abgrenzung gegenüber anderen projektiven Tests und tiefenpsychologischen Behandlungsverfahren

Je stärker in einem projektiven Testverfahren, wie etwa den Deutungstests von RORSCHACH, dem MURAY'schen Thematic-Apperzeptionstest, dem Zeichentest von E. WARTEGG, dem SZONDI-Test, dem THOMAY'schen Ausdrucktest u. a.[1] Affektives angesprochen wird, desto mehr kommen vornehmlich unbewußte, d. h. dem reflektierenden Denken nicht direkt zugängliche Momente zum Ausdruck. Die innere Situation, die unbewußten Haltungen, ihre Hintergründe und ihre Zusammenhänge mit den Umweltfaktoren zeigen sich in den Befunden dieser Tests mittelbar. Der Scenotest eröffnet durch die konkreteren Darstellungsmöglichkeiten infolge der Besonderheit seines Materials einen sehr unmittelbaren Zugang zu den Problemen der Vp und ihrer Weltbefindlichkeit. Dadurch fördert er das Verständnis des Therapeuten für die Welt, in der der Proband lebt und in der auch der Therapeut ihm in bestimmter Weise erscheint — eine Wirkung der projektiven Testmethoden, die Gustav Bally besonders hervorhebt.

Von dem «Welttest» von Charlotte Bühler und der «Welttechnik» von Margarete Löwenfeld hebt sich der Scenotest durch seine besondere Zielsetzung, das Erleben der Welt speziell im Rahmen der mitmenschlichen Beziehungen in der engeren Umwelt zu erfassen, ab.

Soweit der Scenotest als therapeutisches Mittel angewandt wird, differiert er von der von Anna Freud begründeten «Spieltherapie», die aus den einzelnen Spieläußerungen neurotischer Kinder Rückschlüsse auf die unbewußten Hintergründe ihrer Fehlhaltungen zieht und den ebenfalls an beliebigem Spielmaterial ablaufenden Kinderbehandlungen von Melanie Klein und Eric Ericson, sowie dem nicht begrenzten Weltspielmaterial von M. Löwenfeld durch sein *standardisiertes* Material. Weiterhin unterscheidet er sich durch seine Eigenart, die Auseinandersetzungen mit den Umweltpersonen nicht nur an Symbolen vollziehen zu lassen, wie dies bei der Therapie mit Hilfe beliebigen Kinderspielzeugs mehr oder weniger der Fall ist, sondern zu ermöglichen, daß die nächsten Beziehungspersonen direkt in Gestalt lebendig wirkender Puppenfiguren in Scene gesetzt werden.

In Abhebung vom «Psychodrama» von I. Moreno und der Gruppen-Pantomime von Oto Horetzky spielen sich beim Scenotest die Affekte im Rahmen einer Miniaturwelt ab. Die Bedeutung liegt darin, daß hier am *Spiel mit der häuslichen Umwelt* — die durch Beziehungspersonen *und* Umgebung dargestellt werden kann — die Äußerungshemmungen der Menschen unmerklich überwunden werden und die inneren Schwierigkeiten frei Gestalt gewinnen. Unwillkürlich bewirkt dabei das *Spiel* mit *Puppenfiguren* stärkere Distanzierung vom eigenen Erleben. Durch seine viel-

---

[1] Eine vollständige Aufzählung aller Tests, die sich auf dieses Gebiet beziehen, ist im Rahmen dieser Arbeit nicht möglich.

seitigen Ausdruckmöglichkeiten vermag das Zusatzmaterial jegliche Handlung und Scenerie anzudeuten und unwillkürlich auch Aussagen über die Wesensart zu machen, die für die einzelnen auftretenden Figuren charakteristisch sein soll. Das Gesamtspiel mit den biegbaren Puppen in einer *Miniaturumwelt* vermag durch Anregung des Spieltriebes — selbst bei Erwachsenen — den Grad der Bewußtheit einzuschränken und damit besonders häufig ganz unmittelbar *Unbewußtes* zur Darstellung zu bringen. In der Welt des Kleinen kommen affektive Auseinandersetzungen im Spielerleben hervor, die im realen Leben häufig bei gehemmten Menschen nicht einmal in der Phantasie gewagt werden.

III. Zusammensetzung des Materials

Das standardisierte Material (Abb. 1) befindet sich in einem flachen, tragbaren Kasten, dessen Unterteilung in einzelne Fächer eine Übersicht bietet, ohne die Vp suggestiv auf bestimmte Bestandteile hinzuweisen. Die Innenfläche des abhebbaren Kastendeckels dient als stets gleiche Spielfläche.

Das Material enthält als Wesentlichstes biegbare Puppenfiguren, dazu Bausteine und bestimmtes Zubehör zur Ausgestaltung der Scenerie und Verlebendigung der Darstellung.

Die 7—15 cm großen Puppenfiguren — 8 Erwachsene und 8 Kinder — vermögen durch Haltung und Gesten, die ihnen infolge ihrer Biegbarkeit zuerteilt werden können, bestimmte Handlungen, Stimmungen und Affekte anzudeuten. Die Puppen sind durch Größe, Kleidung und Gesichtsausdruck verschieden charakterisiert, sodaß alle Umweltpersonen der Vp dargestellt werden können. Die Großvaterfigur mit faltigem Gesicht und Hausjacke ist auch als ein alter Onkel, ein Rektor, Pastor u. a. zu verwenden. Eine typische Großmutterfigur mit langem, schwarzseidenen Kleid und Spitzenhäubchen, wie sie vergangenen Zeiten angehört und auch den Märchenvorstellungen entspricht, kann auch als Urgestalt der Mutter überhaupt, als übermächtiges Wesen in gutem und bösem Sinne, als «magna mater», in einer Scene auftreten.

Die übrigen Erwachsenen-Figuren sind modern, aber bewußt verschieden gekleidet. Der Mann im Straßenanzug stellt eher eine Autoritätsperson, Vater, Lehrer, Onkel dar, während die mehr sportlich gekleidete männliche Erwachsenenfigur auch einen Jugendlichen, einen jüngeren Mann, einen großen Bruder oder Vetter repräsentieren kann. Eine typische Arztfigur im weißen Mantel kann auch als Verkehrsschutzmann, Rennfahrer, Bäcker,

13

Friseur, Tankwart oder Verkäufer auftreten, vor allem aber auch den Therapeuten darstellen. Die verschiedene Kleidung der beiden Mutterfiguren — eine Frau in schlichter Hauskleidung, eine andere in eleganterem Straßenkostüm — charakterisieren das Wesen der Mutter oder einer anderen weiblichen Beziehungsperson, Tante, Lehrerin, ältere Verwandte. Die Hausangestellte tritt in ihrer eigentlichen Funktion auf, aber auch als Mutterfigur, besonders, wenn die Mutter hauptsächlich in der Hausarbeit erlebt wird. Sie wird auch als Verkäuferin, Platzanweiserin, Kassiererin u. ä. verwendet.

Die Puppenkinder — Schulkinder, Vorschulkinder, Kleinkinder und das Baby — können altersentsprechend diejenigen Kinder aus der Umwelt darstellen, die für die betreffende Vp besondere Rollen spielen oder gespielt haben. Absichtlich ist ein Puppenmädchen in langem Festkleid dabei, das sich von den anderen Kindern abheben kann. Die bewußt ähnlich gekleideten Puppen in Pyjamaanzügen geben die Möglichkeit, Zwillinge auftreten zu lassen und damit entweder in der Realität vorhandene Zwillinge darzustellen, oder den Wunsch nach verstehenden Kameraden anzudeuten. Das Baby vermag Sehnsucht nach einem Geschwisterchen auszudrücken und ist andererseits auch geeignet als Objekt, an dem sich die Eifersucht größerer Kinder gegen nachgekommene Geschwister, oft sehr drastisch, äußert. Es ermöglicht überdies die eigenen Wünsche nach Kleinkinddasein, nach besonderer Fürsorge und Zärtlichkeit auszudrücken.

Die Bausteine können einer Spielhandlung den verschiedensten äußeren Rahmen geben. Sie sind nach Form und Farbe vielseitig zu verwenden. Es lassen sich Häuser, Türme, Tore, Brücken, Freitreppen, Verkaufsbuden, Läden mit Schaufenstern usw. damit bauen. Besonders 10—14jährige Jungen tun dies mit großem technischem Geschick.

Die flache Form der rechteckigen und quadratischen Steine in Verbindung mit den dünnen und dicken Säulen regen neben dem Aufbau von Gebäuden speziell zur Gestaltung von Innenräumen und ihren Einrichtungsgegenständen an. Unwillkürlich wird dadurch das häusliche Leben sowohl mit seinen affektiven Beladenheiten und Auseinandersetzungen als auch mit seinen nüchternen Erscheinungsformen zur scenischen Gestaltung gebracht. Weiteres Zusatzmaterial mit möglichst vielseitiger Verwendungsmöglichkeit hat teils Symbolwert, teils dynamischen Charakter, so daß es anregt, Antriebe, Bedürfnisse, Wünsche oder Befürchtungen darzustellen. Bestimmte Tiere, Bäume, Blumen, Fahrzeuge, Gebrauchsgegenstände des täglichen Lebens dienen zur Belebung der Spielscene und Handlung. Innerhalb des Spieles können sie die affektive Einstellung der Versuchsperson zu ihren Beziehungspersonen, die in bestimmten Puppenfiguren dargestellt werden, betonen, und bestimmte Haltungen und Tendenzen zum Ausdruck bringen, die die Vp in ihnen erlebt.

Der Schneemann z. B. kann auf Winterfreuden, im übertragenen Sinne aber auch auf allgemein kühle Atmosphäre hindeuten. Geht die Kälte von einer bestimmten Person aus, wird der Schneemann häufig zu ihr in Beziehung gesetzt. Der Heinzelmann kann als guter oder böser Zwerg auftreten, der Engel als Schutzengel oder moralische Instanz. Der «Karfunkelstein» vermag als kostbarer Schatz oder wundersame Lichtquelle besondere Kräfte auszustrahlen, aber auch als Verkehrsampel, Warnsignal für Flieger, Lagerfeuer u. a. zu dienen.

Auch die Tiere sollen bestimmte Eigenschaften, Wesensarten und Haltungen symbolisieren. Die alle anderen überragende Kuh verkörpert wie eine allmächtige Mutterimago spendende Fülle, aber auch fordernde und bedrückende Macht. Das Krokodil mit weit geöffnetem Rachen, der listig schleichende Fuchs, der zischend bösartige Ganter repräsentieren in verschiedenen Nuancierungen die Aggressionen, die von außen her erlebt werden. Gleichzeitig lassen sie auch eigene feindliche Haltungen Welt und Menschen gegenüber in ganz spezifischer Weise zur Darstellung bringen. Andererseits können diese gefährlichen Tiere gebändigt oder verharmlost, friedlich nebeneinander, wie im Paradies, auftreten und lassen dann an eine illusionäre Wunschwelt der Vp denken. Die Henne mit den beiden verschiedenen Küken, der Vogel mit offenem Schnabel, der bewegliche Affe, das große und kleine Schwein können als Abbild der Tiere selbst, aber auch symbolisch ihren besonderen Eigenarten entsprechend, im Spiel auftreten und zwischenmenschliche Beziehungen charakterisieren. Das wollige Hündchen — speziellen Beziehungspersonen zugeordnet — kann Zuwendung, Liebebedürfnis und Zärtlichkeitstendenzen andeuten, ebenso wie das weiche Fell.

Gebrauchsgegenstände wie der Klopfer können entweder zweckentsprechend oder aggressiv verwendet werden. In den steifen patriarchalisch wirkenden Sessel werden Personen hineingesetzt, denen gegenüber gebührende Achtung bezeigt werden soll, etwa Vater oder Mutter, wenn sie betont als Familienoberhaupt erlebt werden.

Erhalten andere Personen, insbesondere Kinder, den Sessel, so werden sie aus der Umgebung herausgehoben. Durch Hereinlegen des Felles wird es darin weicher und gemütlicher. Bei der Verwendung des Liegestuhles vermag speziell die Passivität noch mehr betont zu werden.

Zur Darstellung oraler Thematik sind Eßgeschirr und Früchte vorhanden. Absichtlich ist statt Kanne und Tassen die neutralere Form von Krug und mit Blümchen verzierten Bechern gewählt. Die Früchte sind so geschnitten, daß sie aufgestellt, auch als Blumen wirken können. Eine solche Verwendung deutet auf eine mehr ins Ästhetische gehende Lebenshaltung und weniger auf eine kaptative Bewältigung hin.

Der Waschbottich bringt häufig Reinlichkeitstendenzen zum Ausdruck, dient aber auch als Futtertrog.

Die anale Problematik kann sich in der Verwendung von «Töpfchen» und «Puppenklo» andeuten, die im Kinderleben eine wichtige Rolle spielen. Dabei zeigt sich, in welcher Weise das Kind die Sauberkeitserziehung, die von Müttern ja sehr verschieden gehandhabt wird, erlebt hat und welche Haltungen sich daraus entwickelten.

Die Eisenbahn und die Autos repräsentieren Motorik, aber auch Geltungs- und Besitzstreben. Ihre Verschiedenartigkeit — Stadtwagen oder Rennwagen — mobilisieren Antriebe, bequem durchs Leben gefahren zu werden, oder sich aktiv speziell propulsiv zu betätigen. Stärkste innere Spannungen können sich in dramatischen Scenen von Autozusammenstößen entladen.

Die Bäume, Blumen und Beete deuten freie Landschaft, Garten oder Wald an und damit auch die Liebe zur Natur, Neigung zum Idyllischen, oder auch Wunsch nach Geborgenheit. Die einzelnen Blumen vermögen Innenräume, die durch Bausteine hergestellt sind, zu schmücken und auch auf ästhetische Tendenzen hinzuweisen.

Die Verschiedenartigkeit der Bäume mit ihren charakteristischen Formen ist ebenfalls ein verstärkendes Akzidenz des Zusatzmaterials — die Tanne, die gleichzeitig auch das Weihnachtsfest versinnbildlicht, der Apfelbaum, der Früchte spendet, der ausladende Laubbaum, auf den sich der Vogel, das Äffchen oder auch ein Kind setzen können, die Pappel, die verschiedenen Symbolausdruck zuläßt.

Die Blumen lassen auf schmückende und pflegliche Tendenzen schließen. Absichtlich findet sich unter den Blumen auch ein Vergißmeinnicht, das in eine Situation besondere Gefühlstönung hineinbringt.

Hinweise auf Interessen und Neigungen gibt der phantasierte Inhalt von Anschlägen an der Litfaßsäule; er kann mitunter auch auf Sensationshunger deuten.

Das Zusatzmaterial soll den mannigfachen Darstellungswünschen zum Ausdruck verhelfen. Das wesentlichste des Scenotestmaterials bleiben aber immer die biegbaren und dadurch lebendig wirkenden Puppenfiguren, die die Menschen der Umwelt verkörpern, denn bei allen seelischen Fehlhaltungen und bei jeder Problematik sind die mitmenschlichen Beziehungen das Wichtigste.

IV. Handhabung des Scenotests in Diagnostik und Therapie

Ebenso wie das Material selbst ist die Versuchsanordnung standardisiert und damit Vergleichbarkeit der Untersuchungsergebnisse gewährleistet.

Wie schon erwähnt, dient die Innenfläche des abhebbaren Kastendeckels als Spielfläche; sie ist stets mit der Breitseite quer vor die Vp zu legen. Der Kasten selbst mit dem Material soll rechts daneben stehen, mit jener Schmalseite zur Vp, an der sich das Fach mit den Puppenfiguren befindet. In der Mitte sind die Bausteine und weiter hinten die Tiere, Bäume etc. eingeordnet[1]. Das lange, schmale Fach mit dem kleinen Deckelkasten und dem übrigen Zubehör ist dann der Versuchsebene zugewandt. Die Unterteilung ermöglicht der Vp eine Übersicht über den Kasteninhalt, ohne suggestiv Einzelteile herauszuheben.

Diese Anordnung von Spielfläche zum Materialkasten gilt auch in gleicher Weise, wenn der Scenotest zu therapeutischen Zwecken gebraucht wird.

Dem Material und der Art seiner Darbietung wohnen ausgesprochener Aufforderungscharakter inne, so daß es im allgemeinen nur weniger Worte bedarf, um einen Test oder auch in der Therapie in den einzelnen Behandlungsstunden eine Scenengestaltung in Gang kommen zu lassen. Insbesondere bei jüngeren Kindern, für die das Spiel ohnedies natürlich ist, genügt meist der Hinweis, auf der Spielfläche etwas mit dem Material aufzubauen.

Ältere Schulkinder und Jugendliche, denen die Aufgabensituation adäquat ist, fordert man ebenso wie Erwachsene auf, irgendetwas, was ihnen gerade einfällt oder durch den Sinn geht, auf der Spielfläche aufzubauen, man kann hinzufügen, «etwa so, wie ein Regisseur auf einer Bühne eine Scene inszeniert».

Die Besorgnis, daß größere Jungen und Jugendliche vielleicht dieses «Spiel mit Puppen» ablehnen könnten, erübrigt sich, da sie erfahrungsgemäß sofort bereit sind, wenn man ihnen bei der Aufforderung erklärt, daß dies ein Test sei, der auch mit Erwachsenen vorgenommen wird, und man annähme, daß sie ihn auch ausführen könnten. Jedem falle etwas an-

---

[1] S. Einordnungsschema S. 147.

deres ein, nun könne man einmal sehen, was sie damit aufbauen würden. Es wird dabei am besten von «Figuren» und nicht von «Puppen» gesprochen.

Bei Beginn des Tests wird sowohl Kindern als auch Erwachsenen gesagt, sie sollten von sich aus angeben, sobald sie den Scenenaufbau als beendet ansehen. Sonst haben manche Kinder die Tendenz, ihr Spiel immer weiter fortzuführen. Wird der Scenotest in der Therapie verwandt, so setzt man in der Regel innerhalb der Behandlungsstunde keine solche Begrenzung. Der Hinweis auf die Biegbarkeit der Puppenfiguren und auf die Möglichkeit, ihnen den gewünschten Ausdruck zu geben, hilft bei Gehemmteren über etwaige Schwierigkeiten des Spielbeginns hinweg, weil er erleichtert, die Figuren miteinander in Beziehung zu setzen. In derselben Weise vermag auch der Vergleich mit dem bildenden Künstler, der den von ihm geschaffenen Gestalten durch Haltung und Gebärde Leben gibt, im Einzelfall bei der Vp die notwendige Initiative auszulösen, ihrerseits den Spielfiguren gestalteten Ausdruck zu verleihen. Durch diese beiläufigen Hinweise werden gleichzeitig Bewußtheiten eingeschränkt und das Unmittelbare im Spiel gefördert.

Die Anwesenheit näherstehender Beziehungspersonen — bei Kinderuntersuchungen —, z. B. der Eltern, Anverwandter oder sonstiger Autoritätspersonen, kann bei der Vp die Spieläußerung hemmen, so daß im allgemeinen solche Begleitpersonen während des Tests nicht zugegen sein sollen.

Andererseits fesselt das Material Kinder und Erwachsene so stark, daß an sich auch eine größere Anzahl «neutraler», d. h. nicht direkt zur Vp in Beziehung stehender Personen, anwesend sein können, ohne den Versuchsablauf zu stören. So zeigte sich, daß Kinder und auch Erwachsene selbstvergessen ihre Welt aufbauen und in ihr leben, auch wenn sie dabei z. B. von allen Seiten im Licht starker Scheinwerfer gefilmt werden. Ebenso macht es keine Schwierigkeit, Kinder, Jugendliche und Erwachsene zu Demonstrationszwecken im Rahmen von Vorlesungen oder Kursen vor einer größeren Anzahl Zuhörer «bauen» zu lassen. So erlebte das Auditorium des psychologischen Universitätsinstitutes in Sao Paulo, obwohl es dies zunächst für ausgeschlossen gehalten hatte, daß die brasilianischen Kinder und Jugendlichen trotz der Anwesenheit von über hundert Hörern sich sofort in das Spiel vertieften und Scenen aufbauten, die ihrer Problematik entsprachen.

Üblicherweise ist natürlich nur der Versuchsleiter oder Therapeut zugegen. Er enthält sich jeder Stellungnahme oder Suggestivfrage, damit sich die Vp resp. der Patient völlig unbeeinflußt und ungestört seinem Spiel nach freiem Einfall hingeben kann. Lediglich bei Anwendung des Scenotests nicht als diagnostisches sondern als psychotherapeutisches Mittel, insbesondere in der Gruppentherapie, kann man zuweilen durch Themensetzung bestimmte Affekte oder Probleme ansprechen. Niemals aber sollte man handelnd in das Spielgeschehen eingreifen. Es ist der Vp zu überlassen, ob sie einen statischen Aufbau vornimmt, oder eine Spielhandlung ablaufen läßt.

Nach Beendigung des Scenenaufbaus betrachtet man sich gemeinsam die Scene und fordert die Vp resp. den Patienten auf, zu erzählen, was er aufgebaut hat. Dabei sollte man individuell auf die einzelnen Scenen eingehen und mehr oder weniger nur durch wohlwollendes Konstatieren die Vp zu weiteren Äußerungen anregen.

Irgendwelche direkte Fragen hinsichtlich der im allgemeinen unbewußten Identifikation sind kontraindiziert, da hierdurch das Unmittelbare in der Einstellung des Patienten zu seiner gestalteten Scene und auch zu weiterem Umgehen mit dem Testmaterial verloren geht.

Bei der therapeutischen Anwendung des Scenotests können durch beiläufige Bemerkungen die positiven Ansätze, die sich in der Scene zeigen, angesprochen werden. Meist ist dies am günstigsten zu Ende der Behandlungsstunde. Man sollte sich dabei stets vor Augen halten, daß ein direktes Ansprechen unbewußter Problematik tiefgreifende Wirkung auf den Patienten haben kann. Jedenfalls ist vorsichtig abzuwägen, inwieweit und zu welchem Zeitpunkt des Behandlungsablaufs man dem Patienten unbewußt dargestellte Probleme und Haltungen deutlich werden läßt. Im einzelnen wird hierauf noch in den speziellen Kapiteln über Therapie näher eingegangen.

Zweckmäßig werden die Scenen nach Beendigung der Untersuchung oder der Behandlungsstunde skizziert oder fotografiert. In der Kindertherapie ist es angezeigt, am Ende der Behandlungsstunde die von dem Patienten erbaute Scene in seiner Gegenwart abzuzeichnen, etwa mit der Bemerkung «wollen wir jetzt mal aufzeichnen, was du gebaut hast? Ich zeichne und du schaust, ob ich es richtig mache». Dies erlebt das Kind als eine Bestätigung der von ihm gestalteten Scene und damit seiner selbst. In Gruppentherapien kann man die Kinder gegebenenfalls auch den Inhalt ihrer Scene in die Schreibmaschine diktieren lassen, was sie besonders in ihrem Selbstbewußtsein und in ihrem Gemeinschaftsgefühl anspricht.

Die Scenen werden im allgemeinen in etwa einer halben Stunde aufgebaut, manchmal schon in zehn Minuten, als Höchstes wird in seltenen Fällen eine Stunde gebraucht. Wie meine Erfahrung an den in den letzten fünfundzwanzig Jahren vorgenommenen Scenotests ergab, wird jeder Mensch, der sich unreflektierend dem Material hingibt, angeregt, damit etwas aufzubauen, was ihn innerlich angeht.

V. Gesichtspunkte für den Untersucher

a) Zur Erfassung spezieller Problematik

Der Untersucher, resp. Therapeut — abwartend, aber der Vp zugewandt — beobachtet von Anfang an den Gesichtsausdruck und die Bewegungen der Vp, wie sie sich dem Material zuwendet, ob das Material zu einem Scenenaufbau oder mehr im Sinne eines Funktionsspiels gebraucht wird, wie der Aufbau auf der Spielfläche verteilt wird und wie weit das Spiel mit Reden begleitet wird. Er achtet darauf, ob sich die Vp vornehmlich mit den Puppenfiguren, den Bausteinen oder dem übrigen Zusatzmaterial beschäftigt, ob sie nur die Bausteine oder auch das übrige Material, insbesondere die Figuren, in das Spiel einbezieht, welche Puppen sie dann auswählt und wieder weglegt, ob sie sie zögernd oder entschlossen ergreift, wie sie sie anfaßt, betrachtet, zaghaft oder energisch biegt und hinstellt, ferner ob sie etwa die Scene abändert, wenn sie annimmt, damit bestimmten Vorstellungen des Versuchsleiters entgegenzukommen.

Im weiteren Verlauf ist es aufschlußreich, welche Rollen die Vp den einzelnen Puppenfiguren zuteilt, welche Eigenschaften und Namen sie ihnen beilegt, wie sie sie im Spiel und Gegenspiel handeln läßt und in Beziehungen zueinander setzt. Hierbei sind besonders Haltung und Gebärde wichtig, die die Vp den handelnden Personen unmittelbar gibt, und die Art und Weise, wie sie sie mittelbar durch bestimmte Beziehung zu anderen Figuren und zu dem Zusatzmaterial charakterisiert. Von Interesse ist es, welche Tiere auftreten und welche Bedeutung sie haben sollen, wie die Symbolfiguren — Schneemann, Engel, Heinzelmann — in das Spiel eingeordnet werden, ob und welche Fahrzeuge in Aktion treten, wie weit und in welcher Weise das übrige Material in die Scene mit einbezogen wird, ob einzelne Figuren oder Gegenstände besonders deutlich beiseite gelassen werden, schließlich was die Gesamtscene darstellt und welche Einzelheiten sie aufweist.

Bei den Puppen ist es von größter Bedeutung, mit welcher Figur sich die Vp identifiziert, d. h. welcher sie die Merkmale beilegt, die bei ihr selbst objektiv zu beobachten sind, die sie subjektiv zu besitzen glaubt, oder die

20

sie möglicherweise bewußt oder unbewußt zu haben wünscht. Ist hiernach in manchen Fällen nicht ersichtlich, mit wem sich die Vp identifiziert, sind aber z. B. nach solchen Gesichtspunkten die übrigen Figuren in der Spielhandlung als Repräsentanten von Beziehungspersonen erkannt und bleibt eine Figur übrig, die sich bisher nicht einordnen läßt, so kann diese der eigenen Person entsprechen. Analoges ist aus Träumen bekannt. Im übrigen vollzieht ein geübter Beobachter mit größter Instinktsicherheit ein Urteil über eine etwa vorliegende Identifikation. Wie im Traum nach Freud jede Traumgestalt auch der Träumer selbst ist, finden sich Wesensanteile des Erbauers eines Scenotests auch in jeder von ihm verwandten Scenotest-Figur. Wie beim Traummaterial vertiefen und erweitern die *Einfälle* zu den einzelnen im Spiel auftretenden Personen und ihre Handlungen die Einblicke in das Unbewußte. So ist es aufschlußreich, neben den spontanen Erläuterungen Assoziationen zu der gesamten Spielhandlung und den Details kommen zu lassen, u. a. auch zu bestimmten Figuren, deren Eigenschaften und Handlungen. Will man Näheres über die innere Einstellung zu einzelnen Figuren erfahren, so kann man ihnen — wenn dies nicht schon spontan geschieht — Namen beilegen lassen. Es können sich hier Hinweise ergeben, wenn etwa die Puppenfiguren Namen solcher Personen aus der Umgebung erhalten, die besonders geliebt, abgelehnt, gefürchtet oder beneidet werden. Bedeutungsvoll ist es, wenn zu manchen Figuren gar nicht oder nur ungern Aussagen gemacht werden.

Stets sollte aber die Aufforderung, sich über die Scene zu äußern, die Form einer gemeinsamen Vertiefung in das Spielerleben und nicht den Charakter einer schematischen Befragung haben.

b) Zur Erfassung charakterologischer Struktur

Gleichzeitig mit der Aufhellung unbewußter Seelenvorgänge der Vp auf Grund tiefenpsychologischer Erfahrungen, auf die weiter unten näher eingegangen wird, ergeben sich bei dem Test, wie schon eingangs erwähnt, eine Reihe von Hinweisen auf die allgemeine Struktur der Vp, auf Begabungen, auf bewußte Neigungen und Charaktereigentümlichkeiten. Bezeichnend hierfür ist schon einmal das Verhalten der Vp dem Untersucher und der Testsituation gegenüber. Das erste Herangehen kann schon Initiative und Energie oder Unsicherheit und Gehemmtheit verraten. Im weiteren Verlauf können Gestaltungsfreude, Einfallsreichtum und Fantasie, Selbständigkeit, Temperament, Gefühlsbetontheit, Farbenfreudigkeit, sowie Sinn für die Realität zum Ausdruck kommen.

Intelligenz zeigt sich besonders bei der Vp in der Art, wie sie die einzelnen Teile des Spielmaterials in die Gesamtheit des Scenenaufbaus einführt und zum Ausdruck dessen verwendet, was sie darstellen will, wobei selbstverständlich das Lebensalter und die Eigentümlichkeiten der einzelnen Altersstufen mit zu berücksichtigen sind. Auch Kinder finden rasch heraus, daß es möglich ist, die biegsamen Puppen sitzen und stehen zu lassen und ihnen verschiedene Haltungen zu geben. Dabei biegen kleinere Kinder, auch wenn sie aufgeweckt sind, durchweg die Puppen beim Hinsetzen nur im Hüftgelenk. Erst ältere Kinder denken daran, daß wirklichkeitsentsprechend beim Sitzen auch das Kniegelenk gebeugt werden muß.

In der Lebendigkeit des Gesamtspiels und im scenischen Aufbau kommen Gestaltungskraft, künstlerische Begabung, manuelle Geschicklichkeit und Temperament zum Ausdruck. Die Abstimmung der Dimensionen aufeinander würden konstruktive Begabung, im speziellen Falle auch Formgefühl andeuten. Konsequenz und Zielsicherheit zeigen sich in der Art, wie die Vp an einem vorgefaßten Plan festhält. Ablenkbarkeit aber auch geistige Beweglichkeit können ihren Ausdruck finden in Abänderungen, die während des Aufbaues der Scenerie oder der Handlung vorgenommen werden. Persönliches Tempo, Tenazität und Vigilität kommen im Ablauf des Versuches zur Darstellung. Minuziöse Sorgfalt, übermäßige Exaktheit, Pedanterie, bis ins Zwangsneurotische gesteigert, können sich andeuten in der Zähigkeit, mit der die Vp trotz der Begrenzung des gegebenen Materials in ganz bestimmter Richtung die Scenengestaltung durchzuführen sucht, z. B. auch sich bemüht, alle Scenerieteile in Farben und Formen genau symmetrisch zu gestalten.

In einem Beobachtungsbogen habe ich ein Schema aufgestellt, das kurz zusammenfaßt, worauf während der Untersuchung zu achten ist (siehe S. 144).

Um ohne viel Zeitaufwand die gespielte Scene und die daraus gezogenen Schlüsse niederzulegen, insbesondere um bei größeren Versuchsreihen einheitlich aufgezeichnetes Vergleichsmaterial zu erhalten, ist die Protokollierung nach einem bestimmten Schema angebracht. Zweckmäßig werden die Spielscenen in einer kleinen Skizze festgehalten, sofern sie nicht fotografiert werden und außerdem mit einem kurzen Kennwort bezeichnet, das auf den Inhalt der Scene hinweist.
(Siehe «Protokollbogen» auf S. 145.)

VI. Allgemeine Gesichtspunkte für die Auswertung

Bei der Auswertung der Beobachtungen gehe ich nach folgenden Gesichtspunkten vor:

1. Das in der Scene Dargestellte kann
   a) der Wirklichkeit entsprechen (Tatbestandsdiagnostik)
   b) der Wirklichkeit nicht entsprechen, sondern dem — besonders affektiven — Innenerleben des Untersuchten (Angst oder Wunsch) (Persönlichkeitsdiagnostik).

2. Die anschließende Exploration aufgrund der gemeinsamen Betrachtung der Scene kann ergeben:
   a) daß die Vp weiß, daß sie die Wirklichkeit dargestellt hat;
   b) daß die Vp nicht weiß, daß sie die Wirklichkeit dargestellt hat;
   c) daß die Vp weiß, daß sie ihre Ängste oder Wünsche dargestellt hat;
   d) daß die Vp nicht weiß, daß sie ihre Ängste oder Wünsche dargestellt hat.

Die Vp, die dann wirklich nicht weiß, daß sie die Wirklichkeit oder die Ängste und Wünsche dargestellt hat, hat also in tiefenpsychologischem Sinn Unbewußtes dargestellt. Das besonders häufige und deutliche Vorkommen von Darstellungen aus dem Unbewußten erscheint mir als die bedeutsamste Seite des Scenotests, sowohl für die Diagnostik als auch für die Therapie.

Um die eben erörterten Auswertungsgesichtspunkte zu veranschaulichen, gehe ich in einer Scene auf die verschiedenen Momente, die hinsichtlich des Inhalts zu berücksichtigen sind, ein. Dabei soll besonders dargelegt werden, in welcher Vielfalt sich die Beziehungen zwischen Scenenaufbau einerseits und Persönlichkeitsstruktur, sowie spezieller Problematik andererseits anbieten.

Eine sechzehnjährige Oberschülerin, die wegen Stotterns in psychoanalytische Behandlung kommt, baut (Abb. 5) ein «Theater» auf — Zuschauerraum mit verschiedenen Reihen, Besuchern und eine Bühne. Nach Angaben der Patientin soll der «Gestiefelte Kater» gespielt werden. In diesem bekannten deutschen Märchen gibt es einen Kater, der außergewöhnlicherweise reden kann und in sehr geschickter Art seinem Herrn dienlich ist, der dafür aber auch ganz besondere Geltung zu bekommen wünscht. Diesen Kater selbst läßt aber die Patientin im Spiel nicht auftreten, lediglich stellt sie zwei Bäume auf die leere Bühne hin. In die Zuschauerbänke setzt sie nur Frauen und Kinder; zwei männliche erwachsene Figuren und ein kleiner Junge stehen abseits.

Bei der Auswertung dieser Scene ist nun folgendes zu klären:

1. Welche Antriebe und Bedürfnisse spielten in diesen Test hinein?
2. Wie sieht die Vp die Welt — den Hauptteil der Welt — hier dargestellt in den Beziehungspersonen?
3. In welchen inneren Schwierigkeiten — in welcher Problematik dieser Welt gegenüber befindet sie sich?

Hinsichtlich der Thematik ist hervorzuheben: Es wird Theater gespielt, also etwas dargestellt — man stellt etwas dar —, und zwar den «Gestiefelten Kater», ein Stück, in dem die Hauptfigur angibt, prahlt, überlistet, sehr tätig ist und viel leistet, sobald sie jemanden liebt und sich bestätigt fühlt. Außerdem ist diese Hauptfigur ein außergewöhnlicher Kater, der sich aus der Reihe aller anderen Kater heraushebt — er kann sprechen. Die Patientin selbst ist sprachgehemmt! Sie gibt an, daß ihr der Kater «unsympathisch» sei, er sei «komisch», womit sie «eigenartig und ausgefallen» meint. Gleich darauf fällt ihr ein, sie sei selbst ein «ausgefallenes Huhn» in der Familie. Sie identifiziert sich also mit dem Kater, ist aber dieser Rolle gegenüber ambivalent eingestellt. Sie mag den gestiefelten Kater zwar nicht leiden, läßt aber trotzdem gerade dieses Märchen auf der Bühne spielen, in dem der gestiefelte Kater die Hauptrolle spielt, er tritt aber wiederum gar nicht auf — lediglich zwei Bäume werden auf die leere Bühne gestellt. Einesteils hat die Vp den Wunsch, eine so expansive Rolle wie der gestiefelte Kater im Leben zu spielen, andererseits hat sie Hemmungen davor.

Die Beziehungen der Zuschauer untereinander lassen durch die Interpretation, die die Patientin gibt, weitere Rückschlüsse auf ihre Problematik zu. Beide Vaterfiguren treten auf — stehen aber abseits von den Müttern und Kindern. Die eine Vaterfigur soll einen «Herrn» darstellen, von dem nichts weiter ausgesagt wird, der nähere Beziehungen vermissen läßt. Der andere Herr soll ein «Onkel» des Mädchens in der zweiten Zuschauerreihe sein. Dieses hebt sich von den anderen Kindern durch besonders festliche Kleidung ab. Die weitere Befragung ergibt, daß die Patientin sich mit ihr selbst darstellt. Von dem Onkel dieses Mädchens berichtet sie sehr lebhaft in der Art einer Idealvatergestalt. Der eigene Vater ist tot, die Patientin hatte einesteils sehr an ihm gehangen, andererseits ist sie ablehnend gegen ihn eingestellt aus Eifersucht gegen den kleinen Bruder, der als einziger Sohn unter vier Töchtern eine besonders bevorzugte Stellung beim Vater eingenommen hatte. Die Ambivalenz gegen den Vater kommt hier in den Beziehungen zu den beiden Vaterfiguren deutlich zum Vorschein, da die Vaterfigur im Spiel einmal als ein fremder Herr charakterisiert wird, zu

24

dem man keinerlei Beziehungen hat, ein andermal als ein besonders geliebter und als Vorbild empfundener Onkel.

Das einzige Kind, das außerhalb der Zuschauerbänke hingestellt wird, ist ein kleiner Junge in der Nähe der Onkel-Vater-Figur. Über ihn wird weiter nichts ausgesagt. Größere Geschwister deuten ihre Eifersucht auf die kleineren Nachkömmlinge nicht selten so an, daß sie die entsprechenden Figuren im Spiel abseits stehen lassen und nicht beachten.

Aufschlußreich ist auch, wie die Beziehungen der in den Zuschauerbänken sitzenden Puppenfiguren interpretiert werden.

Die weiblichen erwachsenen Personen sollen durchweg Mütter sein, die mit ihren Kindern ins Kindertheater gehen, ihnen also Freude verschaffen und selbst daran teilnehmen. Die Patientin fühlt sich ja nach ihren eigenen Angaben fremd in der Familie, also fehlt ihr auch das Gefühl bestätigender Zuwendung durch die Mutter.

In der ersten Reihe der Zuschauer stellt die Patientin ihre eigene reale Situation in der Familie dar: ein kleineres Mädchen sitzt dort allein — isoliert.

In der zweiten Reihe kommt der Wunsch nach besonderer Beachtung durch die Mutter zum Ausdruck. Das Mädchen im Festkleid, dessen Onkel als Idealvater geschildert wird, sitzt mit der Mutter zusammen und soll *einziges* Kind sein.

Die Anordnung der Figuren in der dritten Reihe, in der die Großmutter zwischen einem Zwillingspaar sitzt, sagt aus: wenn schon Geschwister da sind, sollten es Zwillinge sein, bei denen nicht so leicht eines der Kinder vor dem anderen von den Eltern bevorzugt wird. Hierzu bemerkt die Patientin überdies noch, Zwilling sein müsse schön sein, «weil man sich ähnlich ist», weil man «sich versteht». Die Einführung des Zwillingspaares in das Spiel deutet also gleichzeitig die Sehnsucht nach einem Kameraden an.

Die letzte Reihe weist am meisten darauf hin, wie sich die Patientin die reale Familiensituation wünscht. Die Mutter, die mit ihrem Sohn und ihrer Tochter ins Theater gegangen ist, hat die Tochter direkt neben sich sitzen und legt auch noch den Arm um sie.

Zu differenzieren wäre nun:

a) Inwieweit spielt die Vp im einzelnen die Wirklichkeit?

b) Was stellt im einzelnen das Abweichende von der Realität dar, das Gewünschte oder Befürchtete?

c) Was hiervon ist der Vp bewußt und evtl. durch Fragen zu eruieren, und was ist ihr unbewußt, d. h. ihrem reflektierenden Denken nicht zugänglich?

Betrachten wir als Beispiel das zuletzt angeführte Detail der Scene unter diesen Gesichtspunkten: Die Mutter in der hinteren Reihe legt den Arm um die ihr zunächst sitzende Tochter, der Sohn sitzt weiter ab.

Im Scenotest wird also der Wunsch nach Bevorzugtwerden, nach Zärtlichkeit, nach Geborgenheit gespielt. In Wirklichkeit erlebt die Patientin, wie aus der Anamnese bekannt ist, daß die Mutter, wie der verstorbene Vater, den einzigen Sohn, also den jüngeren Bruder der Patientin vorzieht.

Die Patientin weiß, daß sie dagegen innerlich protestiert und eifersüchtig ist, sich dagegen auflehnt, wie die Befragung ergibt. Es ist ihr aber nicht bewußt, daß sie an der Stelle des Jungen sitzen will, besonders weiß sie nicht, daß sie dies mit den Mitteln des geltungssüchtigen Auftretens erreichen will. Dieses ihr Unbewußte stellt aber der Scenotest dar: Thematik des gestiefelten Katers.

VII. Auswertung des Formalen

Wie sich bei diesem Beispiel gezeigt hat, ist bei der Auswertung für den Inhalt bedeutungsvoll, welche Themen zur Darstellung kommen und mit welchen Mitteln dies geschieht. Aber auch das *Formale* — der äußere Aufbau — kann tiefenpsychologisch gelesen werden. Varianten in der Art, wie der durch die Deckelinnenfläche gekennzeichnete Versuchsraum eingehalten und ausgenutzt wird, können Hinweise auf typische Haltungen der Vp betonen.

Anpassung an den dargebotenen Versuchsraum vermag auf bewußte Begrenzung und realitätsgerechte Einordnung in die Lebenssituation hindeuten. Beschränkt die Vp den Aufbau der Scene auf eine Ecke, rückt ihn nahe an eine Kante oder nimmt damit nur einen kleinen Ausschnitt in der Mitte der Versuchsfläche ein, erscheint die natürliche Expansion gehemmt und angstbesetzt.

Solche Ängste vor der Begegnung mit der Welt kamen in der Scene eines fünfjährigen Stotterers zum Ausdruck, der lediglich die Bausteine benutzte, um daraus an der, von sich aus gesehen, vorderen Kante der Versuchsebene eine mächtige Mauer in Richtung auf den Untersucher und einige Anwesende aufzubauen, womit er sich augenscheinlich zu schützen suchte, sich aber gleichzeitig den Zugang zur Umwelt versperrte.

Wie weit in dieser Weise im Spiel Gehemmtheit ausgedrückt wird, ist aber immer nur aus der Gesamtbeurteilung zu entnehmen. Gerade unter den Vpn, die sich beim Scenenaufbau auf einen eng begrenzten Raum zurückziehen, sind wiederum auch solche, die sich in der Wirklichkeit mehr nehmen, als ihnen zusteht, die stehlen, d. h. überschießend expansiv sind, weil sie an der rechten Stelle im Leben nicht zuzugreifen vermögen. So gehen Vpn., die dazu neigen, sich im Leben außerhalb der bestehenden Gesetze zu stellen, oftmals im Scenenspiel nicht einmal bis an die erlaubten Grenzen und geben damit einen Hinweis auf ihre gehemmte Grundhaltung, aus der heraus die plötzlich überschießende Expansion ein abrupter Durchbruch ist. Ein Kind, das lügt, sich durch sein Verhalten außerhalb der üblichen Gepflogenheiten stellt, verbarrikadiert sich z. B. in einem verbauten, fenster- und türlosen Haus auf engem Raum in der Mitte der sonst leerbleibenden Versuchsfläche.

Werden andererseits die Grenzen «überspielt», kann dies im Einzelfall auch wiederum auf Tendenzen zu asozialem Verhalten, d. h. auf Überschreitung der menschlichen Ordnungen hinweisen. Die von einem fünfzehnjährigen Mörder aufgebaute Scene zeigte dies in zweifacher Form. Er ließ den Fuchs außerhalb der Versuchsebene unter einer Brücke schleichen, die er ihrerseits über die Deckelgrenze hinausgehen ließ.

In der Überschreitung der vorgesehenen Grenzen kann sich aber auch ein Mangel an ökonomisch-technischen Fähigkeiten ausdrücken. Ebenso vermag sich darin die Neigung anzudeuten, sich im täglichen Leben über die nach stillschweigender Übereinkunft unter den Menschen geltenden «Spielregeln» hinwegzusetzen. Dabei ist zu berücksichtigen, daß diese «Spielregeln» alters- und erziehungsgemäß, aber auch landesüblich, sehr wesentliche Gradunterschiede von Expansion gestatten. Kleinkinder neigen mitunter dazu, das Testmaterial auf dem Fußboden auszubreiten. Verwendet dabei ein dreijähriger stotternder Junge aus den USA den Boden des großen Holzkastens mit im Spiel, indem er ihn als Hauswand aufstellt, so kann dies einen geringeren Grad expansiven Durchbruchs darstellen, als wenn ein neurotisches Kind, das aus einer sehr viel einengenderen «Kinderstube» kommt, die kleineren Unterteilungskästen, die es noch eher zum Spielmaterial gehörig betrachten kann, zu ähnlichen Zwecken benutzt. In bestimmten Fällen können unbewußte Neigungen zu «Grenzüberschreitungen» darin zum Ausdruck kommen, daß einzelne Teile des Scenotest-Materials lediglich auf die Kanten der Deckelinnenfläche aufgebaut werden — symbolisch gesehen wird damit in der Schwebe gehalten, ob die gegebenen Begrenzungen eingehalten werden sollen oder nicht.

Als «figürliches Raumspiel» ermöglicht der Scenotest die Gestaltung des Scenenaufbaus in allen drei Dimensionen. Je nachdem Höhe, Breite und Tiefe im Gesamtbild einer Scene sich entsprechen oder eine der drei Dimensionen besonders betont oder vernachlässigt wird, kann dies Rückschlüsse auf die Haltung der Vp zulassen.

Erlaubt das Testmaterial auch nur die Andeutung einer Miniaturwelt mit einfachsten Mitteln, vermag hier die Betonung der einen oder anderen Dimension im übertragenen Sinne in Beziehung auf die Vp Ähnliches auszusagen, wie Baustile in der Kunstbetrachtung Ausdruck des jeweiligen Lebensgefühls einer Zeit zu sein vermögen. Wer einmal in der Moschee von Cordoba erlebte, wie die horizontale Linienführung der maurischen Moschee — Ausdruck der Weltzugewandtheit — unvermittelt abbricht und in das vertikale Aufstreben eines gotischen Domes als Verkörperung des Strebens ins Transzendentale übergeht, mag auch in der Miniaturwelt des Scenotests einmal etwas Ähnliches nacherleben können. Fällt in einem Scenenbild die Betonung der Höhe besonders auf, können sich damit Tendenzen, ins Sublime zu gehen, andeuten. Ein steiler und hoher Aufbau kann überdies auch auf besonders ehrgeiziges «In-die-Höhe-Streben» hinweisen.

Ist der Bau im harmonischen Verhältnis zur Basis errichtet, wird dabei die notwendige «Standfestigkeit» gewährleistet sein. Fehlt aber das sichere Fundament, dürften Wünsche nach Höchstleistung in der Realität nicht genügend verankert sein.

Die in die Tiefe und Breite gehende Bauweise im einzelnen und im Gesamtbild der Scene mögen Bodenständigkeit und Verwurzelung in der Erde andeuten. Wirken Bauten breit und gedrungen, können Ängste, sich in der Welt frei zu entfalten, in der Haltung der Vp mitspielen.

Wird die Tiefendimension in der einzelnen Scene vernachlässigt, läßt dies an mangelndes Raumgefühl und Geborgenheitserlebnis denken. Im Einzelfall kann dies im übertragenen Sinn mangelnde Tiefe und das Bestreben durch Fassade Wirkung zu erzielen andeuten. Dies zeigte sich bei einem sechzehnjährigen Jungen, der an Stottern litt, und wiederholt von Häusern nur die Fassade aufbaute. Darauf angesprochen, betonte er seine Vorliebe für das Repräsentative. Unwillkürlich kam ihm dabei zum Bewußtsein, daß das Leben in seinem Elternhaus auch nur Fassade wäre, der sonntägliche Spaziergang, eine Geste vor den Leuten, hinter der kein wirkliches Familiengefühl stand.

Konträre Themen und als besonders different empfundene Objekte werden vielfach in den diagonal gegenüber liegenden Ecken aufgebaut, was auf innere Spannungen und diametral entgegengesetzte Erlebnisweisen hindeuten kann.

So tat eine Fünfjährige den Klopfer in die eine, die Mutterfigur in die andere diagonal gegenüber liegende Ecke. Zwischen Mutterfigur und Klopfer war von dem Kind also unwillkürlich die weitmöglichste Entfernung hergestellt. In den beiden anderen diagonal gegenüber liegenden Ecken ließ das Mädchen einerseits die Prinzessinnenfigur im Festkleid am schön gedeckten Kaffeetisch, in der anderen Ecke ein gleichaltriges Mädchen auf dem Puppenklosett sitzen. Bezeichnend für den Ausdruckswert diagonaler Anordnung sind hier die Antinomien: «Haben-Wollen» und «Hergeben-Sollen» in kindlicher Art in den gegenüberliegenden Ecken dargestellt.

Bedeckt eine Vp die ganze Spielfläche mit Bausteinen und Figuren, so kann sich in dem Bestreben, alle leeren Stellen auszufüllen, eine Art Ur-angst vor dem Alleinsein in der Welt abzeichnen. Dies würde der Deutung WILHELM WORRINGERS in seinem Werk «Formprobleme der Gotik» entsprechen, wenn er in der Ausfüllung aller Ecken und Ränder auf den gotischen Bildern den Ausdruck der dem gotischen Menschen innewohnenden Weltangst sieht.

Auch bei solcher Auswertung des Formalen im Aufbau einer Scene, ebenso wie bei der Auswertung des Inhaltlichen, ist zu betonen, daß hier lediglich *Hinweise* zu entnehmen sind. Ausführlicher wird darauf im nächsten Kapitel eingegangen.

VIII. Differential-diagnostische Erwägungen

Es ist selbstverständlich, daß die Schlüsse, die man aus derartigen Spiel-darstellungen ziehen kann, nur einen Wahrscheinlichkeitscharakter besitzen; dennoch ist es wichtig, solche Einzelurteile zu fällen, weil sie Hinweise geben, in welcher Richtung die weitere Erforschung im einzelnen Fall er-gebnisreich sein wird. Ferner müssen diese Feststellungen von all den Vor-kommnissen abgehoben werden, die z. B. als funktionelle Eigentümlichkei-ten zu einem bestimmten Kindesalter gehören.

All diese Deutungen des Spielverhaltens haben *vermutenden* Charakter. Keineswegs läßt sich eine «Neurose» als solche allein diagnostizieren, denn qualitativ können auch ganz gesunde Vp die gleiche Problematik entwik-keln. Aber wenn von einer Vp bekannt ist, daß sie abnorm reagiert, daß aber die Hintergründe nicht oder nur unsicher durchschaubar sind, erlaubt der Scenotest recht wahrscheinliche Beurteilung gerade dieser Hinter-gründe persönlicher und umweltlicher Art.

In ihrem äußeren Erscheinungsbild vermögen sich die neurotischen Fehlhaltungen auf körperlichem Gebiet als Störungen funktioneller Art im Sinne von vegetativen Dysfunktionen wie Magen-Darm-Störungen, Bronchialasthma oder auch von motorischen Fehlfunktionen wie Tic, Stottern, Schreibkrampf, Enuresis, Enkopresis u. a. zu manifestieren; im seelischen Bereich können sie sich als Zwangshaltungen und -handlungen, als Phobien, ferner als charakterliche Abwegigkeiten oder Erziehungsschwierigkeiten wie Lügen, Stehlen, Vagabundieren, Konzentrationsschwierigkeiten usw. äußern.

Eine große Reihe dieser Symptome vermag aber auch im Beginn oder Verlauf einer Psychose, einer körperlichen Erkrankung, speziell eines organ-neurologischen Leidens, als Ausdruck einer Psychopathie, d. h. einer anlagemäßig bedingten charakterlichen Abwegigkeit, als Reaktion auf Erziehungsfehler oder völlig fehlende Erziehung im Sinne einer Verwahrlosung aufzutreten.

Als Ausdruck einer Neurose sind diese körperlichen oder seelischen Dysfunktionen immer erst dann zu werten, wenn diese differentialdiagnostischen Möglichkeiten ausgeschlossen sind, und den Symptomen eine neurotische Struktur zugrunde liegt. Dies ist der Fall, wenn sie äußeres Anzeichen einer seelischen Fehleinstellung dem Leben gegenüber darstellen, diese Fehlhaltung umweltbedingt ist und in Diskrepanz zum bewußten affektiven Innenerleben getragen wird von unbewußten Wünschen oder Ängsten, die eine adäquate Auseinandersetzung mit der Realität und ihren Unabänderlichkeiten verhindern. Dementsprechend ist es Aufgabe der Therapie, die den Symptomen zugrunde liegende Problematik aufzudecken, sie dem Patienten bewußt werden zu lassen, ihn auf diese Weise mit seinen unbewußten Konflikten zu konfrontieren und ihm zu der notwendigen Distanzierung zu verhelfen, um ihn zu einer neurosefreien, wirklichkeitsgerechten Lebenshaltung hinzuführen.

Bei der tiefenpsychologischen Auswertung der dargestellten Scenen gehe ich von den Erkenntnissen der psychoanalytischen Wissenschaft aus, wie sie von Sigmund Freud begründet, von seinen Schülern C. G. Jung und Alfred Adler fortgeführt, von Harald Schultz-Hencke unter den neoanalytischen Gesichtspunkten entwickelt worden ist. Ich beziehe die Daseinsanalyse (Ludwig Binswanger) mit ein.

Die expansiven Strebungen, die am ehesten durch die allgemeinen Erziehungsmaßnahmen gehemmt werden und sich dann in neurotischen Fehlhaltungen manifestieren, liegen in den Bereichen des Besitzes, der Geltung und der Sexualität im weiteren Sinne der mitmenschlichen Beziehungen. Auch der Scenotest vermag, wie schon erwähnt, diese Gehemmtheiten zur

Darstellung kommen zu lassen und in den Ablauf einer psychotherapeutischen Behandlung eingeordnet, verdrängte Impulse zu mobilisieren und zu ihrer Verarbeitung zu verhelfen. Je nach der Thematik, die im Vordergrund der einzelnen Scene steht, sind Rückschlüsse auf die spezielle Problematik in einzelnen Gehemmtheitsbereichen gegeben.

Bei Patienten mit depressiver Struktur, der eine nicht geklärte Auseinandersetzung speziell zwischen oralem Antrieb und Welt zugrunde liegt, kommen Gehemmtheiten auf dem Sektor der Oralität besonders zur Darstellung. Erfahrungsgemäß enthalten dann die von Kindern erbauten Scenen überwiegend Orales, und zwar nicht selten direkt Eßbares, oder Hinweise auf Essen und Trinken. Allerdings werden die oralen Impulse, die sich hierbei melden, bemerkenswerterweise häufig in ihrer letzten Auswirkung nicht bis zum Ende durchgeführt, so daß sich vielfach aus den Scenen das Bild ergibt, daß die Patienten ihrer eigenen andrängenden Wunschwelt gegenüber unsicher, zögernd und im Ansatz auch überschießend sind.

Bei einer zwangsneurotischen Struktur kommt in den Scenen innere Ambivalenz zwischen Willkür einerseits und der Tendenz, die Welt in Überordnungen einzuengen, andererseits, die bekanntlich der Zwangsneurose zugrunde liegt, zur Darstellung, bis dem Patienten seine eigene Willkür im Laufe des weiteren Therapieverlaufes bewußt wird, und er seine unbewußten Tendenzen in eigener Verantwortung zu kontrollieren und abzuändern lernt. Bei der schizoiden Struktur kommen besonders intentionale Störungen zum Ausdruck, bei der hysterischen planlose Aktivität.

Wie der Traum, so kann auch das gestaltete Scenenbild im Sinne der verschiedenen tiefenpsychologischen Richtungen gelesen werden und zu den dahinterstehenden Problemen führen, wobei je nach dem besonderen Blickpunkt die unbewußte Problematik verschieden akzentuiert gesehen wird.

Wie diese sich im Traum enthüllt und ergänzt und durch freie Assoziationen und die Anamnese verifiziert wird, kommt sie auch in der Gestaltung des Scenotests zum Ausdruck, bedarf aber auch hier zu ihrem Verständnis der «Einfälle» und der Anamnese. Während bei der Gestaltung des Traumes das Bewußtsein eingeschränkt ist, sich gewissermaßen passiv im Träumenden gestaltet, wird die «Scene» bei vollem Wachbewußtsein aktiv gestellt, wobei unbewußte Momente jedoch die Gestaltung wesentlich mitbestimmen. Bei der Analyse eines Traumes wird der Patient aufgefordert — um einen Ausdruck von SCHULTZ-HENCKE zu gebrauchen —, alles zu sagen, was ihm durch «Kopf und Gemüt» geht sowohl hinsichtlich des Gesamtinhaltes des Traumes als auch der Details.

Im Scenotest läßt man in gleicher Weise Einfälle zur Gesamtscene und ihren Einzelheiten bringen, die hier teils Darstellungen affektiven Innenerlebens, teils solche von realen Fakten sind.

IX. Anwendungsgebiete des Scenotests

a) *In der angewandten Psychologie als Beitrag*
  1. zur Erfassung der Charakterstruktur unter gleichzeitiger Berücksichtigung tiefenpsychologischer Faktoren,
  2. zu Einblicken in die typischen Verhaltensweisen und spezifischen Eigentümlichkeiten einzelner Entwicklungsstufen,
  3. zur Kontaktanbahnung und Eingewöhnung von Kindern in neue Situationen (Umgebungswechsel, Klinikaufnahme etc.),
  4. zur Beratung bei erziehungsschwierigen Kindern,
  5. zur Berufsberatung, Eignungsprüfung, Untersuchung von Sinnesbehinderten usw.,
  6. zur Bewältigung bestimmter Lebensprobleme (Berufsschwierigkeiten, Ehekonflikte, Auseinandersetzung mit den typischen Problemen der einzelnen Lebensalter).
b) *In der Psychopathologie*
  1. bei Neurosen aller Altersstufen vom 3. Lebensjahr ab als psychodiagnostisches und psychotherapeutisches Mittel,
  2. bei organ-neurologischen und psychotischen Erkrankungen als Hinweis auf evtl. mitspielende tiefenpsychologische Faktoren, insbesondere hinsichtlich psychogener Überlagerungen und als Hilfsmittel bei psychotherapeutischem Angehen,
  3. bei abwegigen Verhaltensweisen und Kriminalität zur Erleichterung der Exploration durch Auflockerung und Kontaktanbahnung sowie zur Erfassung der Motive durch Hinweise auf strukturelle Zusammenhänge.
c) *In der Forschung.*

X. Zugrundeliegende Untersuchungen

Den Ausführungen in der Erstauflage haben die Untersuchungen, die ich seit 1938 fast täglich an normalen, erziehungsschwierigen und neurotisch gestörten Kindern und Jugendlichen aus verschiedenem Milieu in meiner

Sprechstunde, ferner auch in der seinerzeit von mir geleiteten Erziehungs-
beratungsstelle Berlin-Charlottenburg, in Kinderheimen, Heilerziehungs-
stätten und Hilfsschulen und in meiner Praxis auch an Erwachsenen durchgeführt habe, zugrunde gelegen.

Hierzu sind die inzwischen gewonnenen Erfahrungen mit dem Scenotest
im Rahmen von stationären Beobachtungen und Behandlungen neurotischer Kinder in der Psychotherapeutischen Abteilung, Berlin-Ruhleben
(Sen.-Verwaltg. für Jugend), hinzugekommen und zwar besonders hinsichtlich der Anwendung des «gezielten Scenotest-Verfahrens» in Einzel-
und Gruppenbehandlung, sowie kombiniert mit Hypnose und autogenem
Training, Modifikationen, die ich zunächst in meiner psychotherapeutischen Praxis entwickelt hatte.

Die Verwendung des Scenotests in der Psychiatrie zu Einblicken in psychopathologische Erlebensweisen, wie auch sein Einsatz in psychoanalytische Behandlungen bei einzelnen Psychosefällen ergaben sich ebenfalls aus
eigenen Versuchen.

XI. Allgemeine Ergebnisse

Beim Überblick über das Erfahrungsmaterial seit Entwicklung der Methode ergeben sich vom Inhaltlichen und Formalen her Gemeinsamkeiten
in der Darstellung von Lebenshaltungen, die auf gleichen seelischen Hin-
tergründen beruhen. Da der Sceno-Test auf die unmittelbare Erfassung,
speziell der mitmenschlichen Beziehungen als wesentlichste affektive Bezüge zur Umwelt ausgeht, werden die Erfahrungen, gerade aus dieser Sicht,
zusammengefaßt.

Schwer kontaktgestörte Vpn gebrauchen erfahrungsgemäß sowohl bei der
ersten Untersuchung als auch im Beginn der Behandlung häufig nur die
Bausteine, allmählich Tiere, und erst zuletzt beziehen sie auch die Puppenfiguren mit ins Spiel ein. Werden die Betreffenden darauf angesprochen,
daß sie keine Figuren auftreten lassen, so versuchen sie dies nicht selten
zu rationalisieren. Als Grund geben sie etwa an, die Puppen gefielen ihnen
nicht, sie entsprächen nicht der Größe des übrigen Materials, oder in ihre
Scenen paßten keine Menschen hinein. In anderen Fällen wird von Menschen — sogar von ganz bestimmten Personen — gesprochen, ohne daß sie
mit Hilfe der verfügbaren Puppenfiguren tatsächlich in Erscheinung treten — dies kann ein Hinweis sein, daß die Mitmenschen nicht in ihrer realen Gestalt und ihrem tatsächlichen Sein erlebt werden, also ohne echte

Beziehung zu ihnen. In solchen Fällen können die Häuser, Parks oder Gartenanlagen, in denen sich die unsichtbar bleibenden Personen ergehen sollen, betont stilisiert, ästhetisch wirkungsvoll, aber unlebendig aufgebaut sein.

Bei aufkeimender Zuwendung an sich kontaktgestörter Menschen treten Tiere, insbesondere der kleine Stoffhund, in der Scene auf. Zärtlichkeitstendenzen kommen durch beiläufiges Streicheln des weichen Fellchens, das zum Zudecken oder zum Sich-darauf-betten gebraucht wird, zum Ausdruck. Hier wird also Zärtlichkeit geäußert, wenn auch nicht an dem eigentlich gemeinten Objekt. Besonders im übertragenen Sinne «alleingelassene Kinder» gesellen das wollige Hündchen als Wächter oder Kamerad einer einzelnen Figur — häufig dem Baby — zu. Im Sinne des Verarmt- und Vereinsamtseins ist hier ein solcher kleiner Patient gleichsam seelisch «auf den Hund gekommen».

Aber auch wenn in den Scenen die Puppen selbst als Repräsentanten der Mitmenschen auftreten, kann sich in der Situation einer einzeln auftretenden Figur oder in der wechselseitigen Beziehung mehrerer Puppenfiguren, die Isoliertheit, in der die Vp in der Realität lebt, andeuten. Dies wird der Fall sein, wenn überhaupt nur eine Figur auftritt, sei es eine Symbolfigur, sei es eine einzelne Puppe, die z. B. ganz allein auf einer karg bebauten Versuchsebene steht oder durch Mauern gegen die Außenwelt abgeschlossen wird.

Wenn mehrere Puppenfiguren auftreten, kann trotzdem Kontaktgestörtheit zum Ausdruck kommen, sei es, daß die Vp ihre Puppen ausdrücklich «Einzelgänger» sein läßt, sei es, daß sie die Figuren voneinander abgewandt aufstellt oder betont, «keine gehört zur anderen».

Im Bau besonders starker Mauern oder mehrfacher Umzäunung können sich Ängste andeuten, ebenso in der Identifikation der Vp mit einem mächtigen Wesen, das durch magische und Zauberkräfte gegen Gefahren der Außenwelt gesichert ist.

Bei betontem Geltungsstreben läßt häufig der Akteur diejenige Puppenfigur, mit der er sich selbst meint, in den Blickpunkt der gespielten Mitwelt und damit auch des Zuschauers rücken. Nicht selten wird aber auch die «Prinzessin-Figur» im Spiel als «Mutter» eingeführt und zwar von solchen Kindern, die ihre Mutter dem realen Leben gegenüber als unsicher und unselbständig oder besondere Ansprüche stellend erleben; ebenso wenn die Mütter für ihre Kinder besondere Ehrgeiztendenzen, z. B. im sozialen Aufstieg hegen, was die Kinder unbewußt spüren.

Bei fühlbarem Abstand gegenüber den Eltern, Lehrern oder Vorgesetzten werden die Eltern statt durch die «Erwachsenenpuppen» mittleren Alters in solchen Fällen durch die Großelternfiguren dargestellt, auch wenn der Altersunterschied nicht so erheblich ist, um dieses zu motivieren. Hierzu führen andererseits auch unbewußte Wünsche nach besonders weisen und fürsorglichen Eltern, wie diese oft eher durch die Großeltern verkörpert werden. Kinder, die sich überfordert fühlen oder selbst überfordern, stellen sich manchesmal in Gestalt der Erwachsenen dar, u. a. auch, wenn sie schon erwachsen sein möchten und die Autorität als lästig erleben.

Fühlen sich Kinder zu Hause nicht geborgen, bauen sie mitunter mit flach liegenden Steinen nur den Aufriß eines Hauses, dem die schützenden Mauern fehlen.

Eine Scene kann äußerlich den Eindruck des Zusammengehörigkeitsgefühls einer Familie machen, die Assoziationen der Vp aber ein gegenteiliges Bild entwerfen.

Eine betont aktive Auseinandersetzung mit Beziehungspersonen kommt in dynamischer Weise zum Vorschein, wenn schlummernde feindliche Antriebe durch das Umgehen mit den so lebendig wirkenden Puppen mobilisiert werden. In verhüllter Form kann das zum Ausdruck kommen, wenn die Vp in ihren Scenen die Konkurrenten, tyrannisch empfundene Autoritäten oder andere als störend erlebte Beziehungspersonen durch irgendwelche Schicksalsgewalten beseitigen läßt. Dann stoßen Autos, in denen diese Personen sitzen, zusammen, Fahrzeuge prallen mit solcher Stoßkraft gegen Wohnhäuser, daß sie zusammenstürzen und die Bewohner unter sich begraben. Bomben kommen in Gestalt von Bauklotzregen oder personifiziert etwa in der gewaltig wirkenden Kuh. Die Vehemenz solcher aus der Verdrängung hervorkommender Antriebe kann dazu führen, daß der Patient als Akteur selbst in das Spiel in der Weise eingreift, daß er persönlich tätlich gegen die Puppen vorgeht, etwa einer Puppe den Kopf umdreht, eine andere buchstäblich mit dem Auto zu überfahren sucht (Vergl. Beispiel auf S. 53).

Bei sehr jungen Kindern kommen die Beseitigungswunsche gegen Beziehungspersonen irgendwelcher Art meist in der primitiven Form des Verschlungen- oder Gefressenwerdens zum Ausdruck. Beispielsweise frißt das Krokodil das Baby, das als Konkurrent empfunden und deshalb fortgewünscht wird. Hier bestätigt sich die tiefenpsychologisch verständliche Erfahrung, daß sich das Kind in den ersten Lebensjahren das Umbringen eines anderen Menschen nur oral, d. h. als Essen und Gefressenwerden vorstellen kann. In dieser Weise vermag das Scenenspiel in mannigfaltigsten Varianten Zusammenhänge mit unbewußten Seelenvorgängen im Einzelfall empirisch zu erfassen. Was im Traum erlebt, nur durch die sprachliche Wiedergabe dargestellt und durch Analyse aufgedeckt wurde, tritt hier in lebendiger Anschauung zutage. Am Scenenspiel lassen sich daher unbewußte Zusammenhänge im Seelenleben von Gesunden und Neurotikern auch denen anschaulich vermitteln, die den tiefenpsychologischen Erkenntnissen ferner stehen.

Wie die langjährigen Erfahrungen mit diesem Testmaterial zeigen, werden die Aggressionen in indirekter Form mit Hilfe von Gegenständen und Tieren ungleich häufiger dargestellt als etwa in der Beziehung von Puppenfigur zu Puppenfigur.

Kaum kommt es vor, daß eine Figur tätlich auf die andere losgehen, sie schlagen, boxen, mit ihr ringen, ihr den Hals umdrehen soll. Höchstens wird der Klopfer in verschiedenster Weise mehr sachgerecht oder mehr aggressiv verwandt. Die Aggressionen spielen sich erfahrungsgemäß häufiger am Zusatzmaterial ab, während die positive Beziehung sehr viel mehr im Wechselspiel der Puppen direkt in Erscheinung tritt. Möglicherweise hängt dies damit zusammen, daß die Aggressionen so stark mit Schuldgefühlen verbunden sind, daß der Darsteller sie in neutralerer Form durch die Tiere oder schicksalhafte Umstände zum Ausdruck kommen läßt.

Hier scheint das Testmaterial in Art eines Katalysators die Antriebe zu mobilisieren und zur Betätigung freizugeben. Der Analytiker spielt die fermentative Rolle im Ablauf dieses Prozesses, in dem er die Auswirkung dieser Antriebe zugesteht, sie gestalten und bewußt werden läßt. Das «Umgießen» in die optimale Form der «Persönlichkeit» — bei Peer Gynt von Henric Ibsen im «Knopfgießer» symbolisiert — vollzieht sich an dem Patienten mit Hilfe der Handlung, die er unwillkürlich auf dieser Miniaturbühne menschlicher Affekte abspielen läßt.

Während im Bühnendrama der Dichter die mitmenschliche Auseinandersetzung gleicherweise vom Spieler und vom Gegenspieler aus gestaltet, geschieht dies im therapeutischen Scenotestspiel des Patienten nur von der Ebene seines eigenen Erlebens aus, denn der Patient ist hier der Dichter, der Regisseur und der Akteur in gleicher Person. Der Therapeut übernimmt somit die Rolle des Gegenübers in der Welt, wie sich dies auch in der Übertragung vollzieht, zu der das Scenotest-Spiel einen Zugang schafft.

Gleicherweise wie die negative vermag sich auch die aufkeimende positive Zuwendung zur Welt unwillkürlich im Scenenspiel zu äußern. Dies stellt sich zunächst in scheuer Form etwa in dem Bedürfnis dar, weiche, nachgebende Gegenstände wie das Fell oder den Stoffhund zu streicheln, ein Puppenkind auf das Fell zu betten, sorgsam mit der Decke zuzudecken oder auch der großen Kuh das Fell überzulegen. In deutlicherer Form kommt es zum Ausdruck, wenn einer Puppenfigur der Hund als Kamerad beigesellt oder ganz offensichtlich die Figuren selbst in den vielfältigen Formen freundlich-mitmenschlicher Begegnung dargestellt werden. Je mehr jemand seine Aggressionen in angebrachter Form ins Leben eingebaut hat und sich unbekümmert im Umgang mit den Menschen einem anderen zuwenden kann, um so mehr wird er die Puppenfiguren in dieser friedlich-liebevollen Art in Wechselbeziehung zueinander setzen.

Dieser Überblick über Gemeinsamkeiten, die sich bei gleicher Problematik und Konfliktlage in der Darstellung ergeben, soll zu den nun folgenden Beispielen von Scenotests führen. Die spezifische Eigenart der einzelnen Vp und ihre Erlebnisweisen lassen diese Gemeinsamkeiten in mannigfachen Variationen und Nuancierungen abgewandelt zum Ausdruck kommen und verhelfen somit dazu, den Einzelfall mikropsychologisch zu erfassen.

B SPEZIELLER KLINISCHER TEIL

I. Der Scenotest als Hilfsmittel in der Diagnostik

a) Erfassung der Gesamtproblematik

Im Folgenden wird das Grundsätzliche des Scenotests und seine verschiedenen Anwendungsgebiete durch Beispiele veranschaulicht. Bei der Auswertung der einzelnen Scenen werden neben den speziellen tiefenpsychologischen Zusammenhängen auch allgemeine theoretische Grundlagen erörtert.

Die ersten Beispiele versuchen aufzuzeigen, wie der Scenotest bei Erstuntersuchungen Einblicke und rasche Orientierung über die akute Konfliktlage der Vp zu geben vermag.

Ein fünfjähriger Junge, Kaufmannssohn, fünftes von sechs Kindern, der wegen Enuresis behandelt werden sollte, baute bei der Erstuntersuchung folgendes (Abb. 6):

Alle Kinder und der Vater wurden in die Schulbänke eines Klassenzimmers gesetzt. Die Mutter wurde weit entfernt gestellt. «Die Mutter ist im Geschäft.» Das Baby wurde möglichst abseits gelegt und nicht beachtet. Als der Junge gefragt wurde, warum der Vater auch in der Schulbank säße, erklärte er nachdrücklich: «Aber der Vater geht doch auf die Schule.» Wie sich schließlich herausstellte, besuchte er abends die Fachschule. Die Puppenmutter wurde während des ganzen Spiels nicht weiter an der Handlung beteiligt.

Der fünfjährige Junge stellte hier im Spiel dar, wie die Mutter der Familie fern stand und die ganze Zeit im Geschäft war. Dies entsprach den Tatsachen.

Das im Spiel abseits gelegte Baby stand dagegen in der Realität nicht abseits, sondern im Mittelpunkt des Familienlebens. Hier spielte der Junge also nicht die Wirklichkeit, sondern so, wie er sich diese wünschte. Auf Grund tiefenpsychologischer Erfahrungen ist bekannt, daß Kinder, die plötzlich einnässen, sehr häufig auf nachkommende Geschwisterchen eifersüchtig sind, und dann auch wie dieses trocken gelegt, also betreut werden müssen. Hier erfuhren wir nachträglich, daß die kleine Schwester des Patienten ein besonders lebhaftes, munteres Mädchen war, gegen das sich unser kleiner Patient schwer durchsetzen konnte. Erfahrungsgemäß würde uns das Kind nicht gleich mitteilen, daß es seine Schwester fortwünscht, braucht sich dessen auch gar nicht bewußt zu sein. Im Spiel konnte es dies aber ausdrücken, da diese Form der Darstellung einer Selbstentdeckung der eigenen Antriebe ferner liegt.

Die Vaterfigur wurde von dem Jungen mit zu den Kindern in die Schulbank gesetzt. Der Wirklichkeit entsprach, daß der Vater auch in die Schule ging — nämlich in die Fachschule. Daneben erlebte der Junge, daß die Mutter den Vater mit den Kindern auf dieselbe Stufe stellte. Daher konnte dieser im Spiel auf die gleiche Schulbank gesetzt werden wie seine eigenen Kinder.

Die Mutter wurde also gespielt, wie es der Wirklichkeit entsprach, das Baby, wie der Junge sich die Situation wünschte, und der Vater, wie er ihn sah.

Im weiteren Spiel traten die Puppengroßeltern in Erscheinung und spielten in besonders netter Weise mit dem Jungen, mit dem sich der kleine Regisseur identifizierte. Der fünfjährige Patient selbst war während seiner ersten drei Lebensjahre als Einziger bei den Großeltern liebevoll umsorgt aufgewachsen. Das Bettnässen schwand, als der Junge vorübergehend wieder in die gleichmäßige, ruhige und verständige großelterliche Obhut zurückkam.

Dieses Beispiel ist insofern bemerkenswert, als sich hier durch das Scenotestspiel binnen kurzem Beziehungspersonen des kleinen Patienten herausfinden ließen. Damit war also der Hinweis auf die Therapie — hier erfolgversprechender Milieuwechsel — gegeben, wodurch in diesem besonderen Falle eine längere Behandlung erspart wurde.

Der nächste Scenotest zeigt besonders deutlich die innere Situation eines zwölfjährigen Jungen und seine nach außen hin verborgene Gefühlswelt.

Der Junge wirkte geistig wenig regsam, scheu und niedergedrückt. Um so erstaunlicher war die Intensität und Gestaltungskraft, mit der er seine innere Welt mit dem Scenotest-Material darstellte (Abb. 9).

Ein kleines Mädchen — seinem Alter entsprechend — ließ er von zu Hause fort in den Wald laufen. Dort setzte es sich unter die Bäume und unterhielt sich mit ihnen. Der eine große Baum «neigte sich dabei zu dem Mädchen», sagte der Junge. Er fuhr fort: «Die Bäume erzählen dem Kind, wie es im Wald ist, und das Kind erzählt ihnen, wie es bei den Menschen ist.» Anfangs sollten dabei die Bäume das Kind beobachten, später auch der Fuchs. Hinter dem Haus, das neben dem Wald aufgebaut war, machte der Vater des Kindes mit temperamentvoll wirkender Armbewegung der

Hausangestellten Vorwürfe, daß sie nicht genügend auf das Kind aufgepaßt hätte. Die Mutter stand entsetzt daneben.

Auf dem Dach des Hauses befand sich der alte Storch neben einem für die jungen Störche sorgsam hergestellten «weichen» Nest. Die jungen Störche «sollten fliegen lernen, mochten das aber anfangs nicht und wollten immer wieder ins Nest zurück». Zu Ende des Spiels waren sie «groß geworden»; sie sollten dann wegfliegen und nicht mehr zurückkehren.

Eine im Hintergrund aufgebaute Eisenbahn sollte in den «Heimatort» fahren, wo die Familie des Mädchens wohnte. Der Großvater und eine Tante mit einem Baby auf dem Arm sollten zuletzt noch im Vordergrund zwischen Beeten spazieren gehen, während die Großmutterfigur, zuerst ihnen zugesellt, gleich wieder «als nicht nötig» beiseite getan wurde, sobald der Untersucher nach ihr fragte.

Deutlich kamen hier die Probleme des Jungen zum Ausdruck, ambivalente Gefühle dem Elternhaus gegenüber bei Wunsch nach Kleinkindgeborgenheit: Das Mädchen lief zwar von zu Hause fort, sollte aber abends wieder nach Hause zurückkehren; dafür sollte dann am nächsten Tag ein anderes Kind wieder fortlaufen. Gleichzeitig sollten sich die Eltern über das Verschwinden des Mädchens beunruhigen — ein Hinweis, daß der kleine Patient sich mehr Zuwendung von seiten der Eltern wünschte.

Sehr eindrucksvoll war dabei die Gegenüberstellung der traulichen Atmosphäre im Walde und der Scene zu Hause; hier plauderten Kind und Bäume miteinander, sorglos wie im Kleinkindparadies, dort «bei den Menschen» gab es Forderungen, Pflichten, Auseinandersetzungen und Kritik. Vater und Mutter waren erregt, der temperamentvolle Vater warf der Hausangestellten Pflichtvergessenheit vor. Ein besonderes Licht auf die häusliche Situation des kleinen Patienten warf seine Bemerkung, der Fuchs — zuerst sogar auch die Bäume — «beobachten» das Kind. Die ganze Familie war unausgesetzt damit beschäftigt, die weitere Entwicklung des kleinen Patienten zu beobachten, anstatt ihm beizustehen.

Im Storchenidyll auf dem Haus wiederholte sich die Thematik: Wunsch nach Nestwärme und Geborgenheit, andererseits doch wegfliegen und nicht wiederkehren wollen. Schließlich stellte aber die Eisenbahn, die in den Heimatort fahren sollte, die Verbindung mit dem Elternhaus wieder her.

Der gleiche Wunsch, Rückkehr ins Kleinkinddasein, kam noch einmal in dem zuletzt gespielten Scenendetail zum Ausdruck, in der das kleine Kind beim Spaziergang mit dem Großvater von der Tante auf dem Arm getragen wurde.

Wie stark der Junge seine Gefühlswelt sogar im Spiel selbst zu verbergen suchte, zeigte, daß er die Großmutterfigur gleich wieder mit der Bemerkung «die ist nicht nötig» aus der Scene fortnahm, als der Untersucher sie zu bemerken schien. Sehr bezeichnend war dies, da die Mutter später berichtete, daß er an der Großmutter ganz besonders hänge und am liebsten mit ihr im Garten spazieren gehe, lieber, als sich an den Jungenspielen zu beteiligen. Charakteristisch für den kleinen Patienten war, daß er sich im Spiel mit einer Mädchenfigur identifizierte.

Da die Mutter den Jungen genau so nüchtern und phantasielos geschildert hatte wie seinen Vater, wurde ihr ausnahmsweise die gespielte Scene gezeigt. Sie war von der Lebendigkeit und Phantasie, die darin zum Ausdruck kam, erstaunt und beeindruckt. Besonders überraschte sie die naturgetreue Darstellung der Vaterfigur, da ihr Ehemann «bei temperamentvollen Auseinandersetzungen genau die gleiche Haltung und Armbewegung zeigte».

Der objektiven Anamnese nach war der Junge der Gegenstand von Besorgnis und Kritik der ganzen Familie, weil er durch seine Trägheit in der Schule versagte, hinter den Altersgenossen zurückblieb und auch eine Umschulung in ein Internat keinen Erfolg gezeigt hatte. Gegen die gewandtere und lebendigere kleine Schwester konnte er sich nicht durchsetzen. Hinter der äußeren Schwerfälligkeit zeigte sich im Scenotest reiches Gemütsleben und Phantasie.

Als Hauptproblem stellten sich dar: Widerstreit zwischen dem Kleinkindbleibenwollen und dem Flüggewerdenmüssen; starke Bindung an das Elternhaus und andererseits die Tendenz, sich von dort zu entfernen, wo er die Enttäuschung spürte, die er bereitete.

Ein anderes Beispiel zeigt, wie ein Kind unbewußt empfindet, daß es im Wege ist und die Gründe, die hierfür vorlagen. Ein 8jähriger Junge aus einer Bauernfamilie, über dessen ambivalentes Verhalten gegenüber seinen kleinen Geschwistern geklagt wurde, ließ in seinem Scenenspiel einen seinem Alter entsprechenden Puppenjungen zusammen mit einer gleichaltrigen «Schwester» zur Eisenbahn eilen, nachdem der Puppenjunge zögernd-zärtlich Abschied von Haus und Hof und besonders auch von dem Hofhund genommen hatte. Den Puppenvater ließ er den kleineren Geschwisterchen auf dem Buddelplatz zuschauen, abgewandt von dem forteilenden größeren Jungen. Neben das jüngste Kind stellte er nachträglich den Storch im Hintergrund auf.

Nachdem der Junge die Scene beendet hatte, bemerkte die Fürsorgerin, die den Jungen gebracht hatte und ausnahmsweise bei dem Scenotest dabei sein durfte, daß er unverkennbar seine eigene häusliche Situation gespielt hatte.

Der kleine Patient sollte — wie er selbst wußte — demnächst von zu Hause fort in ein Heim geschickt werden. Er spielte dies, indem er den Puppenjungen, mit dem er sich selbst identifizierte, zur Eisenbahn eilen ließ. Außer dieser Darstellung der Wirklichkeit zeigte der Scenotest an, daß der Junge unbewußt empfand, daß man ihn aus dem Elternhaus fort haben wollte. Spontan äußerte er dazu, daß der ihn repräsentierende Schuljunge «nicht zur Familie gehörte» — auch nicht zu dem Vater, der nur seinen eigenen Kindern auf dem Buddelplatz zugewandt war. Dabei war ihm nicht bekannt, daß er vorehelich von der Mutter in die Ehe gebracht worden war — also in der Tat nicht so wie die anderen Kinder zur Familie gehörte. Außerdem zeigte sein Spiel, daß er unbewußt noch einen weiteren Grund spürte, aus dem heraus man ihn fortwünschte. Es wurde ein neues Kind erwartet, die Mutter war wegen Schwangerschaftserbrechen im Krankenhaus. Obwohl er in der darauf folgenden Exploration nichts über die bevorstehende Geburt eines neuen Stiefgeschwisterchens sagte, stellte er doch schon neben das jüngste Puppenkind im Hintergrund den Storch auf. Im Spiel war dem abreisenden Jungen eine gleichaltrige Schwester, die in Wirklichkeit nicht vorhanden war, zugesellt. Sie deutete seine unbewußte Sehnsucht nach Gemeinschaft an, die ihn auch dazu trieb, sich fern von der Umgebung, wo man ihn los sein wollte, eine geborgenere Atmosphäre zu suchen.

Die Abänderungen der Realität — hier das Auftreten einer gleichaltrigen Schwester — sind regelmäßig außerordentlich wichtige Hinweise, denn sie zeigen die unbewußten Wünsche oder Tendenzen an. Daß es sich dabei um Wünsche und Tendenzen handelt, ergibt sich aus der allgemeinen Psychologie menschlichen Phantasierens.

Die während des Aufbaus der Scene beobachtete zärtliche Zuwendung zu dem Hofhund, den der Puppenjunge gleich darauf, ohne sich umzusehen, verließ, zeigte die Ambivalenz der Gefühle des Jungen, die nach dem objektiven Bericht auch tatsächlich gegenüber dem Hund ebenso wie den kleinen Geschwistern gegenüber zum Ausdruck kam. Er behandelte den Hund einmal zärtlich, einmal warf er ihn mit Steinen; einmal liebkoste er die kleinen Geschwister, einmal schlug er nach ihnen.

Die hier noch ab und zu explosiv hervorbrechenden Aggressionen kamen, als der Junge noch kleiner war, ungehemmter zum Ausdruck. Es wurde erzählt, daß er bei der Geburt seines letzten Geschwisterchens, als die Mutter wieder einmal mit einem neuen Bruder aus der Klinik zurückkehren sollte, mit der Axt in der Hand an der Haustür stand und erklärte: «Ich schlage euch Weiber alle tot» (siehe WILHELM BUSCH: «Doch Fritz sagt kurz und grob, dann nehm ich einen dicken Stein und hau ihn auf den Kopp ...», nämlich als ihm die Ankunft eines neuen Brüderchens mitgeteilt wird).

Das nachhaltige und tiefgreifende Erlebnis wochenlangen Dahinziehens auf der Landstraße spiegelt sich in der Scene eines Flüchtlingskindes wider. Das 9jährige Mädchen baute entlang der Diagonalen der Spielfläche eine «Straße» mit Hilfe hintereinander gelegter flacher Bausteine. Daneben ein «Haus», das ohne Fenster und Türen eher einem Bollwerk oder Wachturm als einer menschlichen Heimstätte glich (Abb. 7). Kein Baum, kein Beet, keine Blume, kein Tier, kein Mensch belebten diese Scene — nur Steine waren zu sehen. «Das ist eine *ganz* lange Straße» war das einzige, was das Kind, ohne nach außen irgendwelche Bewegtheit zu zeigen, äußerte. Mehr als jede Exploration dieses scheuen und in sich zurückgezogenen Mädchens zeigte diese Scene, wie das Erlebnis der wochenlangen Flucht, der Landstraße, der Heim- und Heimatlosigkeit den Blick des Kindes wie ein überwertiges Erlebnis so eingeengt hatte, daß es die Vielfalt der Welt nicht aufzunehmen und sich ihr nicht zuzuwenden vermochte.

Die Scene eines 4jährigen Jungen, der an Platzangst litt und weinerlich war, wies auf bestimmte Hintergründe der neurotischen Fehlhaltung hin, wie sie auch in Scenen von erwachsenen Patienten mit Platzangst zur Darstellung kommen, wenn auch alters- und milieubedingt andersartig gestaltet. Der Vierjährige baute eine Straße, die durch zwei «Häuser» aus hochgestellten Steinen angedeutet wurde (Abb. 8) und stellte einen kleinen, seinem Alter entsprechenden Puppenjungen davor. In einiger Entfernung davon standen zwei Erwachsene, ein Mann und eine Frau, die im Weggehen dem Kind den Rücken zuwandten. Der kleine Patient ließ dabei den Puppenjungen seine Arme nach ihnen ausstrecken. Der Vierjährige sagte dazu: «Das ist eine Straße. Das ist ein Onkel, und das ist eine Tante, und das ist der Junge von ihnen.» Es war auffällig, daß er nicht, wie kleine Kinder dies üblicherweise zu tun pflegen, sagte: «Das ist der Vater und das ist die Mutter», obgleich er betonte, daß der Puppenjunge ihr Kind wäre. Er selbst war nicht das leibliche Kind der «Eltern», die ihn zur Untersuchung gebracht hatten und bei denen er seit den ersten Lebensjahren aufwuchs. Sie waren enttäuscht über die neurotische Entwicklung des Jungen, die sie als Veranlagung und nicht als Reaktion des Jungen auf ihre Fehlhaltung ihm gegenüber ansahen. Sie trugen ihm unbewußt nach, daß er nicht die Sinnerfüllung ihrer innerlich brüchigen Ehe wurde. Ausdrücklich wiesen sie darauf hin, daß der Junge nichts davon wüßte, daß sie sich mit dem Gedanken trügen, ihn der Adoptionsstelle wieder zurückzugeben. In ergreifender Weise kam aber in der Scene des Kindes zum Ausdruck, daß es spürte, wie man sich von ihm abwandte und ihn verlassen wollte. Bildlich zeigte sich hier die «Standlosigkeit» des kleinen Patienten innerhalb seines eigentlichen Lebensraumes in der Familie.

Bei Patienten mit den Symptomen der Platzangst fand ich verschiedentlich in ihren Scenen solche «Standlosigkeit» in den naturgemäßen Lebensbereichen der Familie, des Berufslebens und der dem eigenen Geschlecht zukommenden Rolle. Es fehlte ihnen letztlich das Gefühl, im Makrokosmos eingeordnet zu sein.

Im Scenotest eines 38 jährigen Patienten mit Platzangst kam diese «Standlosigkeit» in einer seiner Scenen besonders zum Ausdruck. Den ursprünglich beabsichtigten weiten Platz engte er unbewußt durch viele kleine Verkehrsinseln zu einer schmalen Straße ein, die ihm gewissermaßen Haltepunkte in der ihn beängstigenden Weite des Raumes boten, so wie der kindliche Platzangstpatient auf der einsamen Straße einen Halt an der Mutter suchte.

b) Der Scenotest als Hilfsmittel zu differential-diagnostischen Erwägungen

Vermitteln die bisher erwähnten Scenotests zur Unterstützung der Erstuntersuchungen Einblicke in die Gesamtproblematik, so geben die nächsten Beispiele auf spezielle Fragestellungen zur Differentialdiagnose Antwort. In den beiden zuerst angeführten handelt es sich um die Erwägung, ob eine Debilität oder eine Pseudodebilität vorliegt. Deuten sich im Spiel neurotische Struktur und Inhalte an, die verständlich machen können, warum sich ein Kind so verhält, als ob es debil ist, so würde dadurch die Vermutung gestützt werden, daß eine Pseudodemenz vorliegt; gleichzeitig können dabei Ansatzpunkte für eine psychotherapeutische Behandlung gewonnen werden.

In einem Fall schwerer intellektueller Rückständigkeit bei einer vierzehnjährigen einzigen Tochter einer ausländischen Kaufmannsfamilie konnte der Scenotest wichtige Hinweise auf Beteiligung seelischer Faktoren in der Genese geben.

Das vierzehnjährige Mädchen schrieb unbeholfen wie ein Vorschulkind und mit gröbsten orthographischen Fehlern. Es las nur langsam und stokkend, kannte viele Begriffe nicht, wie etwa Stadt, Land, Insel, war ohne jegliche geographische Vorstellung und rechnete Aufgaben, wie 50+3, nur mit äußerster Mühe mit Hilfe der Finger. Zahl- und Maßbegriffe fehlten der kleinen Patientin vollständig. Hiermit hing sicherlich ihre Unfähigkeit zusammen, mit den Bausteinen des Scenotest-Materials, mit denen sie sich in erster Zeit sehr viel mehr als mit den Puppen beschäftigte, auch nur annähernd eine Treppe zu bauen. Es mißlang ihr, das richtige Verhältnis zwischen der Breite des vorstehenden Teiles der Stufen und den hierzu verwandten Steinen herzustellen. Hinzu kam, daß sie bisher in ihrem Leben niemals zu Spielen wie Bauen, Kneten usw. angeleitet worden war, so daß sie nicht die nötige Werkreife erreicht hatte. Man hatte sie, nachdem sie schon als Kleinkind geistig weit zurückgeblieben war, eigentlich in der Familie nur dahinvegetieren lassen.

Um so erstaunlicher war es, als das Mädchen, dem der einfachste Treppenbau nicht gelang — das auch z. B. nicht imstande war, mit den Bausteinen primitivste Stühle und Tische zu bauen — eines Tages höchst differenziert einen Beichtstuhl mit einem Kreuz darauf errichtete, insbesondere, da das Mädchen evangelisch war (Abb. 9). Hierbei hatte es die ausgezackten Steine in den Seitenwänden aneinandergefügt, so daß wirklichkeitsgetreu die an den Beichtstühlen üblichen kleinen Fenster entstanden waren.

Wie kam es zu dieser besonderen Findigkeit?

Das Mädchen hing sehr an einem der Familie befreundeten Priester und hatte daher für alles, was mit Kirche und Religion in Beziehung stand, größtes Interesse. Daher war es trotz seines sonstigen Versagens im Gebrauch der Bausteine sofort zu dieser lebensgetreuen Darstellung imstande, sobald es sich um ein affektiv betontes Thema handelte.

Ebenso lernte die Patientin ganz von selbst binnen kurzem romanische von gotischen Kirchenfenstern und ähnliches zu unterscheiden, als sie Kunstgeschichtsbücher mit Abbildungen verschiedener Kirchen in die Hände bekam. Andererseits versagte sie völlig, sowie sie nur den geringsten Eindruck hatte, daß sie irgendwelche Dinge, die sie gefühlsmäßig nicht ansprachen, regelrecht erlernen sollte.

Möglicherweise spielte unbewußte Trotzhaltung den menschlichen Ordnungen gegenüber eine Rolle, als sie das Beichtkind — einen kleinen südländischen Freund — bequem in den Beichtstuhl setzte und den Priester, den sie durch die Großvaterfigur darstellte, außen knien ließ — hiermit drehte sie gewissermaßen die Ordnung in der Welt um. Ähnlich stellte sie auch bei einzelnen Silben häufig die Buchstaben um, schrieb z. B. «dei» statt «die», vertauschte weiterhin trotz musikalischer Begabung fast ständig «oben und unten», d. h. hohe und tiefe Töne am Klavier.

Im Scenotest beschäftigte sie sich zuerst ausschließlich mit den Bausteinen und führte erst nach und nach Tiere und Puppen in ihr Spiel ein, wie es, worauf schon hingewiesen wurde, häufig bei schwerer Kontaktstörung vorkommt (siehe Allgemeinen Teil, S. 33, Abs. 4).

Ebenso überraschend wie die plötzlich wohl überlegte und minutiös ausgeführte Darstellung des Beichtstuhles wirkte eine im Laufe der Therapie von ihr zu Hause angefertigte farbige Zeichnung eines gekreuzigten Christus, die an die Kunst primitiver Völker erinnerte; bisher hatte sie nur in kindhafter Weise Blumen und Vögel, vielfach lediglich aus einem Buch, abgezeichnet.

Auf Befragen sagte sie zu ihrer Zeichnung: Jesus sei ans Kreuz geschlagen, «weil er viel wußte», «weil er als kleiner Junge im Tempel schon so viel gewußt hatte» — und kurz darauf, «weil er wußte, wer gut und wer böse sei». Also, wenn man viel weiß, oder wenn man Kritik übt, wird man ans Kreuz geschlagen.

In erstaunlicher Weise gelang ihr auch eine Darstellung von dem Innenraum einer Kirche (Abb. 10) mit einem «Altarbild von Jesus und seinen Jüngern», das beinahe expressionistisch wirkte. Bezeichnenderweise verwandte sie nur die Bausteine, ohne die Puppenfiguren zu Hilfe zu nehmen. Als «Jesus und seine Jünger» stellte sie die roten stiftförmigen Steine zusammen mit einer der gleich hohen gelben Säulen vor die durch einen blauen hochgekanteten langen Stein dargestellte Altarwand. Dies erinnerte an die Sitte mancher katholischer Gegenden, Jesus und seine Jünger durch gleich große, nebeneinander aufgestellte gelbe und weiße Kerzen darzustellen.

Die Diskrepanz in den Leistungen — Versagen bei vielen einfachen Anforderungen an den Intellekt und plötzlich erstaunliches Können und Gestalten bei affektiv betonten Aufgaben — war ein Hinweis darauf, daß möglicherweise neben der anlagemäßig bedingten Unterbegabung eine Pseudodebilität vorlag.

In solchen Fällen sind in einer psychotherapeutischen Behandlung vor allem die intentionalen Gestörtheiten anzugehen, da der Patient erst nach ihrer Beseitigung fähig wird, mitmenschliche Beziehungen aufzunehmen. Fehlhaltungen wie die unbewußte Trotzeinstellung oder das pseudodebile Verhalten müssen dem Patienten bewußt werden, damit eine realitätsgerechte Lebenshaltung erarbeitet werden kann.

Es ist selbstverständlich, daß die Frage der Pseudodemenz nicht allein durch den Scenotest zu klären ist. Er gibt aber Hinweise, in welcher Richtung mögliche affektiv bedingte Motive eines pseudodementen Verhaltens zu suchen sind.

Das nächste Beispiel weist auf ganz spezifische Hintergründe des Verhaltens eines neunjährigen pseudodebilen Jungen und erhellt u. a. die psychogene Rechenstörung, die sich dann auch tatsächlich im Verlauf einer psychotherapeutischen Behandlung deutlich besserte.
Zugleich zeigte sich dabei der fruchtbare Anstoß, den der Einsatz des Scenotests im Verlaufe einer an üblichem unspezifischen Spielmaterial ablaufenden Therapie geben kann, weil er speziell zur Auseinandersetzung mit den nächsten Angehörigen drängt.
Der 9jährige Junge, Sohn eines mittleren Beamten, war wegen Schulschwänzens in einer psychotherapeutischen Behandlung. Bald nach Beginn schickte ihn die Psychotherapeutin zu einem Scenotest zu mir, um mit dessen Hilfe ein spezielles Symptom zu klären. Der Junge sang nachts laut, ohne daß ihm dies selbst zum Bewußtsein kam. Die von ihm gespielte Scene bot, wie sich ergab, nicht nur hierauf Hinweise, sondern führte auch in die Gesamtproblematik des Jungen ein.
Als erstes stellte er neben die Mutterfigur im Hintergrund den Schneemann auf einen hohen Podest. Vor der Mutter baute er eine Kinderschar auf, vor der ein isoliert stehender Schuljunge, im Alter des kleinen Patienten, unsicher zurückwich. Im Vordergrund wandte sich die Vaterfigur einem kleinen singenden Vogel zu. Dahinter auf der anderen Seite des Podests sollte der Engel zwei Babies etwas auf einer Ziehharmonika vorspielen. Zum Schluß wurde von dem Jungen ein Luftschutzkeller gebaut, dessen Kanone, die er sich hierzu aus Papier angefertigt hatte, auf das Dach in Richtung der Vater- und Mutterfigur zielte (Die Untersuchung fand zu Beginn des zweiten Weltkrieges statt). Vor dem Luftschutzkeller errichtete der Patient ein Kriegsgefangenenlager. Den Luftschutzkeller baute er ohne Fenster und Türen. Hierzu bemerkte er, daß niemand in den Luftschutzkeller gehen dürfe, weder die Gefangenen noch die übrigen Personen.
Was sagt uns nun die Scene? Der Junge spürte die Kälte, die von der Mutter ausging, denn er setzte neben sie den Schneemann auf hohem Podest. Die Kontaktgestörtheit, die bei dem Jungen durch die ablehnende Haltung der Mutter hervorgerufen wurde, dehnte sich auch auf sein Verhalten der übrigen Umwelt gegenüber aus. Denn der Schuljunge, in dem sich der kleine Patient unbewußt darstellte, stand isoliert und wich un-

sicher schwankend vor der Kinderschar, die vor der Mutter stand, zurück. Da wir das Symptom des Jungen kannten — er sang laut im Schlaf Lieder, deren Text allerdings nicht zu verstehen war —, so war anzunehmen, daß er sich in den beiden Musizierenden, dem Vogel und dem kleinen Engel im Hintergrund, nochmals darstellte. Auf die Frage «Singt der Vogel dem Vater etwas?» — sagte der Junge, er singe ihm das Lied «Wir werden Euch das Leben schon verbittern.» Er gebrauchte also hier die aggressive Form des umgedichteten Textes, der ja ursprünglich heißt: «Wir lassen uns das Leben nicht verbittern.» Dadurch kam sehr deutlich die unbewußte aggressive Haltung zum Ausdruck. Noch deutlicher wurde sie, als der Junge in den Text «und wenn die ganze Erde bebt» einschob: «Und wenn der Hauptmann auch im Nachthemd steht» und dann wie bekannt fortfuhr: «Das kann doch einen Seemann nicht erschüttern.» Daß in dem kleinen Patienten außer dieser Tendenz zu unerschütterlich-standhafter Haltung noch ein Wunsch nach Weichheit, Liebe und Kleinkindgeborgenheit lag, ging aus dem Lied hervor, das er den kleinen Engel singen ließ: «Reich mir deine Hand, deine weiße Hand», dieses Lied, das um Liebe wirbt, gleichzeitig Abschied nimmt, aber einen kriegerischen Ausklang hat. In diesem Lied war also noch ein zweites Mal die Ambivalenz des Jungen dargestellt, er schwankte zwischen der Haltung des angriffslustigen Vogels und der des liebevollen kleinen Engels, der um Liebe wirbt, sich an sein Gefühl der Liebe hingeben, weich und wehmütig sein möchte.

Nicht nur der kriegerische Ausgang des Liedes, das der Engel sang, sondern auch der Weiterbau der Scene zeigte, daß sich der Junge letzten Endes für eine aggressive Lebenshaltung angesichts der kalten Mutter entschied. Er wurde hart, nicht nur gegen sich, sondern auch gegen andere. Er baute daher einen Luftschutzkeller ohne Eingang, in dem niemand Schutz suchen durfte. Es gibt also Sicherheiten im Leben, aber sie sollen nicht zugänglich sein. Da alle Menschen als Feinde erlebt wurden, sollten eigentlich auch alle umkommen.

Wie wir nachträglich erfuhren, warb der Junge seit Jahren vergeblich um die Liebe seines Vaters und seiner Mutter. Letztere lehnte ihn, den weniger ansehnlichen und nicht so intelligenten größeren Jungen ab und bevorzugte die zwei kleineren, äußerlich besonders ansprechenden Schwestern. Der Vater wagte nicht, gegenüber der dominierenden, kühlen Mutter seine Liebe zu dem Sohn zu zeigen. Daher fühlte sich der kleine Junge isoliert. Sein äußerlich heiter unbeschwertes Verhalten war überkompensiert. Innerlich war er wehmütig und gleichzeitig voll angstvoller Aggressionen. Die Aggressionen — er wollte angreifen, wich aber zurück — kamen deutlich im Scenotest zum Ausdruck und erwiesen die nächtlichen Gesänge im Schlaf als unbewußte Ruhestörung gegenüber der Umgebung. Er glaubte, ständig im Leben stramme Haltung annehmen und seine natürlichen Tendenzen zu Hingabe und Weichheit unterdrücken zu müssen.

Einige Monate später wurde er nochmals zur Untersuchung geschickt mit der speziellen Fragestellung, ob der Scenotest Hinweise geben könne, inwieweit die ausgesprochenen intellektuellen Rückstände des Patienten, besonders im Rechnen auf originärer Debilität oder auf psychischen Mechanismen beruhten. Bei dieser erneuten Untersuchung ergab sich folgendes:

Er hatte große Lücken im Schul- und Allgemeinwissen, u. a. konnte er Namen von Haustieren und Raubtieren aufzählen, aber keinen einzigen Mädchennamen angeben. Im Scenotest fiel ihm schließlich nach langem Überlegen der Name «Anneliese» als einziger für das Puppenmädchen, das er auftreten ließ, ein. Wie aus dem weiteren Spiel hervorging, stellte dieses seine ältere Schwester Annemarie dar. Diese ließ der Junge bald darauf im Spiel sterben und begrub sie in einer Art Grabmal (Abb. 13). Im weiteren Verlauf ließ er dann auch die kleinere Schwester sterben. Die Sterbescene dieser kleineren Schwester war ganz besonders aufschlußreich, so daß ich sie hier ausführlich bringen möchte.

Als der Junge sich aus den Puppen die Figuren für seine eigene Familie heraussuchte, fiel ihm plötzlich ein: «Ach, ein Baby brauchen wir auch noch.» Nach einigem Schwanken, ob es ein Junge oder ein Mädchen sein sollte, ließ er es ein Mädchen sein mit der Bemerkung: «Wenn das Baby gestorben ist, nehmen wir dann eins, das ein Junge ist.» Gleich darauf fragte er: «Stirbt es bald?» und fuhr selbst fort: «Es stirbt mit . . .», nach einer kleinen Pause: «Fünf», hielt erschrocken inne und sagte dann zum Untersucher gewandt: «Was meinst du, wann es stirbt; sag du mal, wann es stirbt.»

Er wollte also die Verantwortung für die Todeswünsche dem Baby gegenüber, das augenscheinlich seine eigene kleine Schwester darstellen sollte, dem Untersucher zuschieben. Auf die Antwort: «Du meintest ja wohl mit fünf Jahren», sagte er dann: «Nein, erst wenn es sechs Jahre ist.» Hier sprach wohl die Tatsache mit, daß die kleine Schwester gerade sechs Jahre alt war.

Das Baby sollte dann in einer kleinen, oben mit durchsichtigem Papierfenster versehenen Puppenschachtel, die er sich zurecht machte, begraben werden. Mit wachsender Intensität und innerer Anteilnahme spielte er weiter. Während er das Baby in der Hand hielt, sprach er vor sich hin:

Jetzt ist es 1¹/₂ Tage alt ..., jetzt ist es 1 Jahr ... jetzt ist es 5 Jahre und fuhr dann fort: «Morgen werde ich» ... verbesserte sich, als er sein Versprechen bemerkte: «Morgen wird *sie* 6 Jahre alt und dann stirbt sie», — «sie wird dazu ganz fein gemacht», sagte er weiterhin, zupfte hierbei das Hemdchen des Babys zurecht und sagte dann zur Puppe gewandt: «Weil heute dein Sterbetag ist.» Während er sie nun mit den Beinen zuerst in die Schachtel hineinsteckte, ließ er sie mit dem Arm winken: «Jetzt sagt sie der Mutter auf Wiedersehen ... und jetzt wandere *ich* in *mein Grab»,* wobei ihm diesmal sein Versprechen nicht bewußt wurde. Als dann das Baby ganz in seinem «Schachtelgrab» verschwunden war, gab er ihm durch das Fenster einen Kuß.

Kurz darauf holte er es mit den Worten «Ich kann zaubern, daß es wieder lebendig ist», aus dem Kasten heraus und bemerkte dann resigniert: «Jetzt geht die Mutter in die Klinik und holt sich neue Babies.» Bald darauf bog er die Puppenmutter — was ihm selbst anscheinend nicht zum Bewußtsein kam — so, daß sie unverkennbar schwanger aussah. Aus seinem ambivalenten Verhalten, als er das Baby im Spiel sterben ließ, und seinen Fehlhandlungen sprachen deutlich unbewußte Schuldgefühle.

Das Unvermögen, Mädchennamen zu nennen, war also hier offenbar neurotisch bedingt — unverarbeitete Haßgefühle und Aggressionen gegen die beiden kleinen Schwestern, die hübscher und aufgeweckter waren als er selbst und von denen er, ganz im Gegensatz dazu *bewußt* sehr zärtlich als von «meiner Annemie» und besonders von «meiner Heidi» sprach.

Auch den Hintergrund der Rechenschwierigkeit erhellte das Scenotestspiel: Ein 9- bis 10jähriger Junge beherrscht u. a. normalerweise die vier Grundrechenarten im Zahlenraum von 1—1000. Der kleine Patient hatte daran gemessen große Rückstände, z. B. konnte er nicht multiplizieren und dividieren. Additionen wie 18 und 6 konnte er nur mit den Fingern rechnen, auf die Art, daß er 18 als feststehend ansah und einzeln an den Fingern weiterzählte. Faktisch konnte er also immer nur eins zuzählen. Beim Subtrahieren war er noch viel unsicherer; er konnte dies auch nur mit Hilfe der Finger.

Im Scenotestspiel, das ihn durch die Puppenfamilie intensiv anregte, sich mit seinen eigenen Familienangehörigen auseinanderzusetzen, fiel auf, daß er sich im Zusammensuchen der Puppen, die seine Familie darstellen sollten, in der Zahl der Familienmitglieder, die zu Hause waren, immer wieder irrte, eine oder mehrere derselben vergaß, meist die eine oder andere Schwester. Beim Anfassen der Großvater- oder Großmutterpuppenfigur war er mehrfach unschlüssig, ob er sie dazulegen sollte, weil er sich im Augenblick nicht erinnerte, ob ein, zwei oder gar kein Teil von den Großelternpaaren mehr am Leben war, obwohl eine Großmutter und ein Großvater mit in der Familie lebten.

Beim Bau eines Hauses stellte er, nachdem zuvor nur das Elternpaar allein mit der kleinen Engelfigur vorhanden war, sämtliche vorhandenen Kinderpuppenfiguren eine nach der anderen vor das Haus (Abb. 13), bis eine große kinderreiche Familie versammelt war, nahm aber plötzlich zu Ende der Behandlungsstunde die gesamten Kinderpuppenfiguren wieder fort mit der Bemerkung: «Nein, die sollen doch alle nicht da sein.» Dieses Haus, das er zu wiederholten Malen aufbaute, bezeichnete er jedesmal als «Denkmal reicher Leute» — Denkmäler werden ja im allgemeinen *Gestorbenen* errichtet. Sämtliche Tiere stellte er rings auf das Gesims des Hauses als «Figuren», ließ also lebendige Wesen zu Stein werden. Zu dieser Zeit ließ er auch die Puppenfiguren, die vorher lebendige Menschen darstellten, eines Tages als «Puppen» in Schachteln, in einem Spielzeugmagazin aufgestapelt, liegen.

Eine weitere Episode im Verlauf der Behandlung war noch erstaunlicher: Er wollte dem Vater schreiben, wieviel Enten zu Hause leben und wieviel inzwischen geschlachtet waren und bekam es dabei nicht fertig, was er sonst mit Hilfe der Finger glatt löste, 14 Enten minus 3 geschlachtete Enten auszurechnen. Er verhedderte sich ganz besonders dadurch immer wieder, daß er überlegte, ob auch alle drei fehlenden Enten wirklich geschlachtet und tot waren, oder ob eine davon nur verwundet wurde; ob die geschlachteten junge oder alte Enten waren, ferner ob eher für alte Enten oder für Entenküken Futter da wäre. Hier handelte es sich also in Wirklichkeit gar nicht um Zahlen und Rechnen, sondern um affektbesetzte Reflexionen.

Als dabei zur Sprache kam, daß er als Ältester früher einmal das einzige «Küken» zu Hause gewesen war, erzählte er plötzlich mit deutlicher Erschütterung: «Wir haben noch ein Baby gehabt»; dies ware nach ihm gekommen und wäre nach ein oder zwei Tagen gestorben.

Solch ein Auftauchen bisher verdrängter Persönlichkeitsanteile muß man eigentlich einmal selbst erlebt haben, um von ihrer enormen Wucht und Bedeutung voll überzeugt sein zu können. Eine Schilderung vermag davon nur ein entferntes Bild zu vermitteln.

Mit schwerstem Affekt spielte der Junge dann hochdramatisch die Sterbenacht dieses Babys, so wie er sie zu erinnern angab. Auch diese lasse ich hier ausführlich folgen:

Man hatte bei seinem Spiel den Eindruck, daß ihm, während er erzählte und die Puppen agieren ließ, immer mehr Dinge aus dem Unbewußten auftauchten. Er erzählte, daß dort, wo damals nur er, die Mutter und das verstorbene Baby gewesen wären, die Häuser alle ganz schwarze Wände gehabt hätten, sie seien oft auf den Friedhof zu dem Grab des Babys gegangen. Er baute nun den Totenwagen (Abb. 14), in dem das Baby zum Friedhof gefahren worden sei, als ein in der Mitte unterteiltes Rechteck aus langen Bausteinen, wo vorne auf einem runden Stein der Fahrer sitzen sollte. Im vorderen Teil des Wagens, der «für die Toten» bestimmt gewesen sei, habe das Baby gelegen und sei dann erst auf dem Friedhof in den Sarg, der im hinteren Teil des Wagens stand, hineingelegt worden. Dabei war sich der Junge nicht ganz klar, ob das Baby schon zu Hause oder erst auf dem Friedhof wirklich tot war. Schuldgefühle auf Grund unbewußter Todeswünsche können natürlich eher zulassen, daß man im Spiel das Baby weitab auf dem Friedhof statt im Hause selbst sterben läßt.

Der Junge baute dann aus Bausteinen den Sarg für das Baby auf dem Friedhof, überlegte lange, ob es ein «Junge» oder ein «Mädchen» sein sollte, ließ es dann schließlich einen Jungen sein. Auf das Grab häufte er lauter kleine Steine, um zu zeigen, wie man eine Schaufel Erde nach der anderen darauf geworfen hatte. Der Steinhaufen wurde dabei so hoch aufgetürmt, daß man unwillkürlich an den Brauch Primitiver denken mußte, die Ähnliches tun, um sich vor der Rückkehr der Toten zu schützen.

Der Junge spielte dann die Sterbenacht in der Wohnung, die er aus zwei aneinanderstoßenden Zimmern ohne Verbindungstür baute (Abb. 15). Im vorderen Zimmer schlief er, und wie er glaubte, auch die Schwester Annemarie — ganz sicher war er sich nicht, ob diese zu der damaligen Zeit schon am Leben war —, im hinteren Zimmer schliefen der Vater, die Mutter und zwischen ihnen in einem kleinen Bett das Baby.

Im Weiterspielen sprach er immer erregter vor sich hin und vergaß schließlich ganz die Umgebung. «Da bin ich aufgewacht in der Nacht, und da bin ich herübergelaufen zum Baby, um zu sehen, ob es schon tot ist»; dabei zeigte er, wie er damals aus seinem Schlafzimmer auf den Korridor und diesen entlang, gleich wieder ins Schlafzimmer der Eltern gelaufen sei, da beide Zimmer auf den Gang hinausgingen. «Und wie ich dann beim Baby war, da war es noch nicht tot, und da bin ich wieder zurückgelaufen und habe mich wieder ins Bett gelegt. Und dann bin ich wieder wachgeworden, und da habe ich gesagt: «Aufstehen, Annemie, wir müssen nachsehen, ob das Baby noch lebt.» — Dies stieß er sehr erregt und abgehackt heraus. — «Und dann sind wir zum Baby gelaufen und haben mit der Taschenlampe nachgesehen, und da war das Baby nicht tot, aber es war ganz gelb und dann bin ich wieder wachgeworden, und dann bin ich wieder zum Baby gelaufen — und da war es tot. Und die Mutter hat geschlafen, und der Vater hat geschnarcht, und da bin ich zur Mutter ans Bett gelaufen und habe gesagt «das Baby ist tot», und da sind dann der Vater und die Mutter nachher ins Zimmer zu uns gegangen und haben bei uns zu Ende geschlafen. Und das Baby hat ein Gespenst geholt, da ist der Teufel gekommen, und der hat ein Horn gehabt. Er hat das Baby gebraten, und dann ist es in einer Flamme verbrannt ... Und am nächsten Morgen war das Bett vom Baby leer.»

Nachdem er diese Spielhandlung in äußerst dramatischer Form aufs schwerste erschüttert hatte ablaufen lassen, wurde er plötzlich läppisch, wollte einen Puppenmann silbern anmalen, erklärte, er wäre ein großer Zauberer, rutschte auf dem Boden herum, wurde immer alberner, redete Kauderwelsch, sagte, das Baby hieß «Allidibaba», nahm ein zufällig daliegendes Kontobuch, bezeichnete es als Bibel, sang dabei «Maria und Joseph» nach der Melodie «In der Heimat gibts ein Wiedersehen». Es schien, als ob er dem Ernst seiner heraufdrängenden Gefühle durch Flucht in narrenhaftes Verhalten entgehen wollte.

Mit immer wachsender Erregung wollte er dann die nun nach dem Tode des Babys nur aus vier Mitgliedern bestehende Familie aufzählen. Dabei verhedderte er sich immer wieder, obwohl er seine Finger dabei zu Hilfe nahm und abzählte: «Dann waren noch ... Mutter, ich ..., nein, ich, Mutter, Vater ..., nein, Annemie, Mutter, ich ... nein ... und bekam es durchaus nicht mehr fertig, bis vier zu zählen. Hier liegt jetzt nahe, anzunehmen, daß seine Unfähigkeit zu rechnen emotional bedingt war.

Nach kurzer Zeit ergriff er plötzlich in höchster Erregung den Puppenvater und die Puppenmutter, drückte sie zusammen, drehte dem Puppenvater den Hals um und tat so, als ob er der Puppenmutter den Kopf abschlagen wollte, überfuhr dann beide mit dem Rennwagen. Die Schuljungenpuppe, mit der er sich selbst meinte, schlug er mit dem Kopf auf einen Stein, «der ist jetzt auch tot».

Bei seinem wilden Spiel fiel das Schlafzimmer, das er dann als Sarg des Babys umgebaut und zugedeckt hatte, um. Darauf stieß er das ganze Haus zusammen, «das ist jetzt ein Zauberhaus», und warf alle vorhandenen Puppen wild durcheinander. Diese enormen Affekte schienen Folge der im Spiel gezeigten Haltung der Eltern zu sein: sie schliefen nicht nur, während das Baby todkrank lag, sondern verließen es auch gleich nach dem Tode und verbrachten den Rest der Nacht weiterschlafend bei den anderen Kindern, so daß der Teufel das Baby holen konnte. Man gewann daraus den Eindruck, daß diese schwer aggressive Haltung gegenüber Vater- und Mutterpuppe durch Vernichtung von Leben gerächt werden sollte. Da der kleine Patient, ohne sich darüber klar gewesen zu sein, selbst das Baby zum Teufel wünschte, regten sich bei ihm unbewußte Schuldgefühle, die ihn dazu brachten, dann im Spiel auch die seinem Alter entsprechende Jungenpuppe sterben zu lassen. Es handelt sich also hier um einen Sühneakt, wie er ebenfalls aus ethnologischen und mythologischen Zusammenhängen genugsam bekannt ist.

Ein Vorteil der biegbaren Scenotestpuppen ist die Möglichkeit, die Affekte an den Puppenfiguren auszulassen, ohne daß sie beschädigt werden. Auch beim Einpacken warf der Patient in größter Erregung die einzelnen Puppen durcheinander, tat sie in die Kästen zurück, nahm sie dann wieder heraus, brachte sie von neuem so durcheinander, daß ich schließlich vorschlug, das Einräumen selbst zu übernehmen. Daraufhin war mit einem Mal der ganze Gefühlssturm verschwunden; wie wenn der Junge plötzlich in die Wirklichkeit zurückgerufen wäre, nahm er stramme Haltung an und verabschiedete sich kurz und energisch. Bald darauf wurde er dann wieder zugänglicher und besprach die Zeit seines Wiederkommens, an dem ihm sehr gelegen war.

Wie affektbetont der Verlust dieses Geschwisterchens war, zeigte, daß der kleine Patient trotz des guten Kontaktes mit seiner Therapeutin in den bis dahin erfolgten Behandlungsstunden, die sich ohne das Scenotestmaterial abgespielt hatten, noch nicht ein einziges Mal von dem verstorbenen Baby gesprochen hatte. Erst durch die Lebendigkeit des Scenotestmaterials gedrängt, sich speziell mit der Problematik seiner Beziehungen innerhalb der Familie auseinanderzusetzen, war in ihm diese Todesnacht so lebendig geworden.

In zunächst überraschender Weise stellte sich durch Befragen der Mutter heraus, daß der Junge diese Nacht lediglich in seiner Phantasie so intensiv erlebt hatte. Denn das Baby war tatsächlich gestorben, ehe er selbst zur Welt kam. Was kann dies nun bedeuten? Bekannt war seine bewußt zärtliche Zuwendung zu den beiden jüngeren und bevorzugten Schwestern; deutlich geworden war an Hand des Scenotests eine schwer latente Aggression diesen gegenüber. Typisches Vorkommnis war die Abdrosselung von aggressiven Tendenzen infolge von Schuldgefühlen gerade noch lebenden Beziehungspersonen gegenüber. Hält man dies alles zusammen, so wird man in der Annahme nicht fehlgehen, daß die latent gebliebenen aggressiven Tendenzen sich im Kind bereits früh dem Bilde des verstorbenen Geschwisterchens zuwandten und dieses dann wieder verlebendigten und als lebende dramatische Figur ins eigene Leben einbauten.

Wie aus den vorangehenden Ausführungen ersichtlich, liefert der Scenotest *Hinweise,* er liefert also keine «Beweise». Er legt psychologische Schlußfolgerungen nahe. Er ist weder Spekulation noch Hypothese, sondern erlaubt die Anwendung einer Theorie auf den konkreten Einzelfall.

In diesem Fall gibt der Scenotest also Hinweise darauf, daß intellektuelle Ausfälle nicht durch originäre Debilität, sondern durch psychische Mechanismen bedingt sind; ferner drängt das Scenotestspiel hier wiederum durch die spezielle Beschäftigung mit Personen einer Puppenfamilie das Kind intensiv auf die Verarbeitung seiner Problematik hin und gibt dadurch einen fruchtbaren Anstoß während einer tiefenpsychologischen Behandlung. Im weiteren Verlauf zeigte sich daraufhin eine deutliche Aufgeschlossenheit dem Rechnenlernen gegenüber, so daß der Junge imstande war, allmählich seine Rückstände auf diesem Gebiet nachzuholen; auch im Gesamtverhalten wurde er freier.

Wie wertvoll eine solche Auflockerung durch die Beschäftigung mit dem Scenotestmaterial ist, um die Hintergründe einer scheinbar unerklärlichen Handlung eines Kindes in Erfahrung zu bringen, zeigt eine weitere Untersuchung mit besonderer diagnostischer Fragestellung.

Ein achtjähriges Mädchen aus einer Arbeiterfamilie war, abends allein gelassen, aus dem ersten Stock zum Fenster herausgesprungen, wie es angab, aus Angst. Eine fünfwöchige Beobachtung auf einer psychiatrischen Kinderstation hatte «keinen Anhalt ergeben», wovor das Kind solche Angst hatte, daß es der Angst vor diesem lebensbedrohenden Sprung nicht achtete.

Das schwer gehemmte Kind gab auch bei mir anfangs den Grund nicht an. Aus dem Scenotestmaterial baute es (Abb. 11) zuerst ein Haus mit Garten; hinter der einen Hausecke wurde der Fuchs mit schleichender Haltung und lauerndem Ausdruck hingestellt. Dann kehrten nacheinander verschiedenste Tiere von der Weide heim und jedesmal, wenn ein Tier sich der Hausecke näherte, fuhr der Fuchs herum und fraß es auf.

Ganz große Tiere, wie die mächtige Kuh, wurden von dem Fuchs nicht aufgefressen, aber «angeknabbert». Das Kind wurde hierbei immer lebhafter und spielte denselben Vorgang wiederholt mit steigender Intensität.

Um die Kleine aufgeschlossener werden zu lassen, zog ich sie an mich heran und ermunterte sie, mir doch jetzt den Grund ihrer damaligen Angst zu sagen. Für mich ganz unerwartet legte sie plötzlich alle Scheu ab, kletterte unaufgefordert auf meinen Schoß und sagte, sie hätte sich so furchtbar vor dem schwarzen Mann, den sie am Abend in der Küche gehört haben wollte, gefürchtet. Er hätte ein großes Messer und könne einen tot machen. Gleich darauf erzählte sie von dem «schwarzen Freund» der Mutter, der früher abends zu ihnen in die Küche gekommen war, als sie noch ganz klein gewesen sei. Der hätte den Vater, der ihr und ihrer Schwester so oft Griesbrei gekocht hätte, häufig verhauen. Aus den Akten ging hervor, daß die Ehe wegen Ehebruchs der Mutter auseinandergegangen und der Vater ein etwas willensschwacher, später dem Trunk ergebener Mann war.

Ohne das Spiel mit dem Scenotest, in dem das Kind hinter dem gefährlichen Fuchs verborgen seine Ängste und auch seine heimlichen Aggressionen ausleben konnte, wäre diese befreiende Erzählung für das Kind sicher nicht möglich gewesen. Bezeichnenderweise waren seine Angsterlebnisse so stark verschüttet, daß es diese nur durch das Agieren mit den Tieren darzustellen wagte und dazu nicht, wie es näher gelegen hätte, die Puppen nahm.

Wenn bei der Darstellung der menschlichen Handlung statt der doch besonders dazu geeigneten biegbaren Puppen Tiere verwendet werden, so ist dies diagnostisch insofern bedeutsam, als es ein Hinweis darauf ist, daß der Kontakt zu den Menschen stärker gestört ist. Denn die Verwendung des Tieres erlaubt zweifellos zweierlei: einmal die Aufrechterhaltung größerer Distanz zu den unbewußten konfliktvollen Tendenzen des Kindes gegenüber den entsprechenden Beziehungspersonen und damit weitgehende Selbstbewahrung — zum anderen können sich dem Tier gegenüber aggressive Tendenzen weit leichter und unbeherrschter im Spiel hervorwagen. Hinzu kommt, daß von solchen Kindern Menschen eben doch sehr viel mehr gefürchtet werden als Tiere. Bei extremster Kontaktstörung nimmt ein Kind nicht einmal die Tiere, sondern wagt nur mit den neutral wirkenden Bausteinen zu agieren.

c) *Der Scenotest bei häufiger vorkommenden Problemen und Neurosen im Kindes- und Jugendalter*

Problematik kann für ein Kind in der häuslichen Umwelt besonders aus gestörten Beziehungen zu den Eltern und Geschwistern entstehen. Ich greife hierfür eine spezielle Situation heraus, aus der sich nicht selten Schwierigkeiten für ein Kind ergeben können, nämlich die Auseinandersetzung mit nachkommenden Geschwisterchen. Fehlt hierbei für das Kind die verständnisvolle Hilfe und Leitung von der Umwelt, so vermögen sich aus Angst vor Zurücksetzung, aus Eifersucht und Neid unbewußte Aggressionen zu entwickeln. Im Scenotest zeigt sich dies, indem das Baby im Spiel abseits gelegt und nicht beachtet wird oder in drastischer Weise durch «höhere Gewalt», z. B. durch das fressende Krokodil beseitigt wird. Ein 18 jähriger psychotischer Patient hat sogar, als ein 8. Geschwisterchen in seiner Familie erwartet wurde, in seiner Scene das Baby «auf einem Altar geopfert (Abb. 16) und von Aasgeiern zerfleischt» dargestellt. Das Blut sollte in den darunter gestellten Waschbottich fließen und die Großmutterfigur als «Hexe» dabeistehen. Hier kommt auch zum Ausdruck, wie psychotische Patienten während eines Schubes ihre Scenen abstruser und primitiv-archaischer gestalten als im allgemeinen Patienten mit neurotischen Fehlhaltungen. Hierauf wird auch in einem speziellen Kapitel später eingegangen.

Wenn ein Baby beneidet wird um die zeitlich größere Fürsorge der Mutter, weil diese das ältere Kind nicht genügend mit einbezieht und ihm damit auch nicht das Erfreuliche der neuen Geschwisterkonstellation nahebringt, so wird die Baby-Figur lieblos behandelt und oftmals aus dem Umkreis der Mutter entfernt.

Kinder mit Enuresis, bei denen solche Problematik häufig der Hintergrund des neurotischen Symptomes ist, zeigen andererseits Sehnsucht nach eigener Kleinkind-Umsorgtheit, indem sie das Baby auf das weiche Fell legen und als Zeichen besonderer Betreuung nicht selten das wollige Stoffhündchen als Wächter dazu stellen. Unschwer ist zu erkennen, daß sich der Patient mit dem Baby identifiziert. Auch legen solche Kinder häufig das kleine Schweinchen auf das Fell und drücken damit unbewußt den Wunsch aus, trotz ihres Einnässens weich und warm gebettet zu werden. Bei einer in der Sauberkeitserziehung überfordernden Mutter stellt der Patient manchesmal die Puppenmutter ans Waschfaß, dem Baby den Rücken zugekehrt in eine Ecke und legt in die diagonal gegenüber gelegene das Schweinchen auf das Fell. Diese Vorkommnisse sind so regelhaft, daß sie der Mutter schon vorausgesagt werden können, ehe ein Kind mit dem Symptom der Enuresis bei der ersten Untersuchung eine Scene aufbaut. Dies wirkt besonders eindrucksvoll auf Mütter, die nicht glauben wollen, daß das Einnässen mit solchen speziellen und unbewußten Momenten zusammenhängen kann. Hierbei ist noch darauf hinzuweisen, daß nach tiefenpsychologischer Erfahrung nicht nur Überforderung, sondern auch Willkür einer Mutter Einnässen ihres Kindes zur Folge haben kann. Die Verbindung ist dann die, daß ein Kind, das statt auf Ordnung auf Willkür trifft, nun seinerseits ebenfalls unter Durchbrechung der von ihm geforderten Ordnung, hier der Sauberkeitsordnung, willkürlich uriniert, wann und wo es gerade möchte, dies aber besonders im Hemmung aufhebenden Schlaf.

Die Ehrgeizkomponente, aus der Neurosenlehre als weitere Wurzel der Enuresis bekannt, zeigt sich im Aufbau hoher, schlanker Türme oder überhaupt in die Höhe strebender Bauwerke, die oftmals mit gelben Säulen als Zinnen bestückt werden.

Die Entwicklung aus der Regression zu altersgemäßer Verhaltensweise zeigte sich an den während des Behandlungsverlaufes gespielten Scenen eines 5jährigen einnässenden Jungen, dessen Symptomatik gleichzeitig damit behoben wurde. Er legte anfangs in jeder Stunde den kleinen Wollhund fürsorglich auf das Fell. Die hierin zum Ausdruck kommenden Zärtlichkeitswünsche sprach ich als Therapeutin bestätigend an, indem ich unter anderem äußerte: «Das Hündchen hat es aber fein!» Der kleine Patient erlebte, daß er hier seine unbewußten Wünsche äußern durfte und in ihnen bestätigt wurde; er bekam Zutrauen zu sich und der Welt und damit schwand allmählich sein Einnässen. Zu diesem Zeitpunkt stellte er das Hündchen, das er bisher so weich gebettet hatte, auf das gleiche Fell aufrecht hin, wie wenn es erwachsen geworden wäre und selbst auf seinen Beinen stehen könnte. Damit zeigte der Junge, daß er verstanden hatte, daß Behaglichkeit und Umsorgtwerden auch zugestanden werden können, wenn man groß ist, so daß man also deshalb nicht Kleinkind zu bleiben braucht.

Bei psychogenen Sprachstörungen spielt die Kontaktgestörtheit eine besondere Rolle, da die Sprache das vornehmlichste Mittel der «Verständigung» ist. Charakteristisch hierfür verwendet der Stotterer in seinem Scenenspiel häufig lediglich die Bausteine. Sofern er doch Personen auftreten läßt, haben sie vielfach keine Beziehung zueinander. Die aggressiven Tendenzen, die im Symptom schon durch das Zerhacken der Worte zum Ausdruck kommen, führen dazu, daß in den Bauwerken u. a. Angriffs- und auch Verteidigungspositionen angedeutet werden.

Spielen gleichzeitig unverarbeitete Ehrgeiztendenzen eine besondere Rolle, so werden hohe Türme, Fassaden oder Prachtstraßen gebaut. Die Erfahrung hat gezeigt, daß diese Ehrgeizwünsche bei stotternden Kindern häufig durch Mütter hervorgerufen werden, die um jeden Preis, auch um den des seelischen Wohlbefindens, mit ihren Kindern «Ehre einlegen» wollen. Einerseits sollen die Kinder ihren ehrgeizigen Wünschen entsprechen, in der Welt besonderes leisten, andererseits ausgesprochen gefügig sein — eine contradictio in adjecto.

Wie stark der Stotterer von dem Erlebnis der eigenen Person innerhalb der Umgebung abhängig ist, zeigt sich derart, daß Patienten, sobald sie intensiv ins Scenotest-Spiel vertieft sind, in der Rolle eines anderen Menschen, gleichsam unter einer Tarnkappe handelnd und redend, ungehemmt und fließend sprechen können. Wenn sie sich dagegen wieder in ihrer eigenen Person äußern, fallen sie in ihr Symptom zurück. An späteren Beispielen, speziell in den Therapieverläufen zeigt sich, wie die strukturellen Zusammenhänge und die individuelle Genese des Stotterers ebenso wie auch anderer neurotisch bedingter Organfunktionsstörungen im motorischen und vegetativen Bereich im Scenotest zu erkennen sind.

Analog zu den Neurosen mit körperlicher Symptomatik spielen sich die tiefenpsychologischen Zusammenhänge auch der rein seelischen Symptomatik im Scenotest wider.

Dieses gilt auch für die Schulschwierigkeiten. Daher wird der Scenotest als Hilfsmittel im Rahmen der Schulpsychologie auch von der modernen Pädagogik verwendet.

Bei meinen Vortragsreisen stellte ich fest, daß auch in Süd-Amerika und im Orient, ebenso wie bei uns, die Konzentrationsstörungen an erster Stelle der Schulschwierigkeiten stehen. Da weniger bekannt ist, daß u. a. hinter neurotischen Konzentrationsstörungen und Lernhemmung auch Beunruhigung durch mehr oder weniger unbewußte Pubertätsprobleme stehen, gehe ich auf eine hierfür aufschlußreiche Scene eines 14jährigen Jungen ein, der wegen dieser Symptomatik in meiner Behandlung war.

Zu bestimmter Zeit in seiner psychotherapeutischen Behandlung übernahm ich die Aufklärung des Jungen, da sich die Mutter hierzu nicht fähig fühlte und auch dazu nicht geeignet schien. Ich wies den Jungen darauf hin, daß sein Vater, wenn er noch am Leben gewesen wäre, selbst mit ihm über diese Fragen und damit überhaupt über die Rolle, die dem Manne im Leben zufällt, gesprochen hätte.

Wie der Junge hierüber emotionale Bindung zu seinem nicht mehr lebenden Vater fand, zeigte die Scene in der nächsten Behandlungsstunde. Er baute folgendes (Abb. 12): Ein größerer Junge weckt den schlafenden Vater, der kleinere Junge geht an das Bücherregal, um etwas nachzulesen, während die Mutter, beiden Kindern abgewandt, am Waschbottich steht.

Der Junge stellte also dar, wie er, nachdem er über die Generationsfragen herüber die Vater—Sohn-Beziehung überhaupt erfaßt hatte, eine tiefere Zuwendung zu seinem Vater entwickelte, die sich in dem unbewußten Wunsch ausdrückte, den verstorbenen Vater als einen nur Schlafenden erwecken zu können. Überdies wies der Scenotest durch die Hinwendung des kleinen Jungen zu dem Bücherregal darauf hin, daß der Patient fühlte, wie auch seinem kleinen Bruder dieses väterliche Prinzip, das er gleichzeitig als das geistige Prinzip erfaßt hatte, gegenüber der von dem Alltag absorbierten und den Kindern abgewandten Mutter fehlte. In der Realität entwickelte der bis dahin lern- und konzentrationsgestörte Junge hiernach geistige Interessen und richtete sich innerlich auf die Übernahme der späteren männlichen Rolle im Leben aus.

Dies zeigt, wie wichtig eine altersgemäße Aufklärung ist. Einige weitere Scenotest-Beispiele weisen auf verschiedene, in bestimmten Lebensphasen besonders aktuelle Fragen im Komplex der Aufklärungsproblematik hin.

Kleinere Kinder, die unbeschwert sind, zeigen ihren Forschungstrieb mitunter, indem sie die Vater- oder Mutterfigur ausziehen wollen. Um dies zu motivieren und gleichzeitig die Neugier zu verbergen, erklären dann die Kleinkinder etwa: «Aber der Vater muß sich doch waschen.»

Bei Fünf- und Sechsjährigen manifestiert sich der natürliche Forschungstrieb in sich immer wiederholenden Fragen, wozu der eine oder andere Gegenstand des Scenotestmaterials da sei, oder, was in dem kleinen Dekkelkästchen, dessen Inhalt dem Kinde an und für sich längst bekannt ist, «drin sei».

Daß hinter solch einem Fragen schon das Wissen steht, das nur bestätigt werden möchte, zeigte sich bei einem Fünfjährigen. Er baute ein von allen Seiten verschlossenes Haus und hob plötzlich einen Stein aus dem Dach, um triumphierend auf ein Baby zu zeigen, das er beim Bauen so hineingelegt hatte, daß es der Therapeutin entgangen war.

Die weitere Unterhaltung ergab, daß zwei Fragen den kleinen Patienten bewegten: Woher und wie die Kinder auf die Welt kämen. Später treten die Probleme der Partnerschaft und Zeugung in den Vordergrund.

Ein elfjähriges Mädchen baute eine kleine Bühne, auf der vor der Kulissenwand ein Junge und ein Mädchen eng umschlungen miteinander tanzten. Ein dem Alter der Vp entsprechendes Puppenmädchen guckte neugierig durch eine Ritze dieser Wand dem Tanz der beiden zu.

Wie die Aufklärungsproblematik bei halbwüchsigen Jungen sich mehr in die Richtung sachlicher Naturforschung erstrecken kann, zeigte die Scene eines Dreizehnjährigen.

Der sehr intelligente und geistig regsame Junge, dessen Mutter über seine häufig mißmutige Stimmung zu Hause klagte, baute architektonisch dekorativ ein «Naturkundemuseum» mit einer Säulenhalle davor. Ein erwachsenes Paar — ein Mann und eine Frau — gingen auf den Eingang zu und «sollten auch hineingehen», während ein kleines Schulmädchen daran «vorbei» ging, da es sich dafür nicht interessierte. Vor dem Museum setzte er als «Pförtner» einen Kleinkindjungen mit der Begründung, daß der Wächter «ein sehr kleiner Mann» wäre. Der Vater dieses Jungen war auffallend klein von Wuchs und seinem Wesen nach ein Mann, der seine Autorität als Vater auf starre und enge Erziehungsprinzipien gründete. In der häuslichen Atmosphäre herrschte die Anschauung, daß nur Erwachsene sich über die Vorgänge in der Natur unterrichten dürften. Der Junge schien aber — altersentsprechend — geneigt, die Gültigkeit dieser These in Frage zu stellen. Er ließ nämlich den größeren Puppenjungen sich dicht hinter dem Erwachsenenpaar halten; er sollte gleichfalls in das Gebäude hineingehen.

Ein sechzehnjähriges Mädchen mit Konzentrationsschwierigkeiten, das vorgab, lediglich über den Geburtsvorgang, nicht aber über den Zeugungsvorgang aufgeklärt zu sein, und hierüber lieber von der Ärztin als von der Mutter Auskunft haben wollte, zeigte mit der Scene, die sie baute, in welcher Weise sie Fragen der Aufklärung besonders bewegten.

Auf einer Bank in einer Straße saß lässig ein jüngerer Mann, «ein vielbeschäftigter und reicher Geschäftsmann, der Entspannung suchte.» Er schaute in eine parkartige Landschaft, die sich in einem Halbrund, mit einem vorhofartigen Zugang, vor ihm öffnete. Zu beiden Seiten des Eingangs stellte sie — etwas erhöht — rechts die Henne und links den Affen hin. Hier schien als tiefere Problematik die Frage der Wertung des Sexuellen zu stehen: Als Akt der Fortpflanzung in Gestalt der Henne — als Geschlechtsbegierde durch die Einführung des Affen in das Spiel, der in Indien als symbolhaftes Sexualtier gilt. In der Kennzeichnung des Mannes als «eines reichen Geschäftsmannes», der lässig auf einer Bank an der Straße vor der Parklandschaft sitzen sollte, könnte die Verbindung zwischen Sexualität und Besitzstreben, die «Dirnenproblematik» anklingen.

Das Aufklärungsproblem stellt sich also verschieden dar. Einmal kann die Aufklärung über das Verständnis, wie Generation auf Generation folgt, die Brücke bilden zu dem verstorbenen Vater, der auf diese Weise Leitbild für den Sohn beim Akzeptieren und Hineinwachsen in seine männliche Lebensrolle wird. Ein anderes Mal vermag sie, kindlichen Forschungstrieb und naturwissenschaftlich gerichtetes Interesse zu befriedigen, letztlich aber auch können bei dem Aufklärungsprozeß Wertfragen im Vordergrund stehen. So sind ganz allgemein die Darstellungsweisen der einzelnen Probleme Funktionen der individuellen Eigenart der Vp, ihrer Umwelt, ihrer Geschlechterrolle und ihres Alters und können somit Ansatzpunkte für die

Durcharbeitung der individuellen Probleme in der Beratung oder bei Vorliegen neurotischer Symptome in der Therapie geben.

Dies gilt auch von den Gestaltungen solcher Kinder, deren neurotische Fehlhaltungen mit mehr oder weniger schweren Durchbrüchen in Verwahrlosung einhergehen. Sie sind abhängig von den zugrundeliegenden Symptomen, aber auch gleichzeitig von der besonderen Konstellation, die zu der speziellen Symptomatik des Patienten geführt hat.

Ein 12jähriges Mädchen, Tochter eines Büroangestellten, entwendete, um sich damit zu schmücken, Ringe, Ketten und Armbänder in einem Warenhaus.

In der von ihr gespielten Scene (Abb. 25) stand die wie eine kleine Prinzessin wirkende Puppe im langen Festkleid auf einer ausgesprochen wacklig gebauten Brücke, die an beiden Enden in eine schiefe Ebene auslief. Das Mädchen suchte also die Puppe heraus, deren Kleidung sich am stärksten gegen die in ihrer täglichen Umgebung übliche abhob, so wie sie sich unbewußt durch den Schmuck von den anderen Kindern herausheben wollte. Wie unsicher sie sich aber hierbei fühlte, ging aus der isolierten Stellung der Puppe auf wackliger Brücke hervor. Der Eindruck der Unsicherheit wurde dadurch verstärkt, daß das Kind zuerst mehrfach versuchte, die Puppe auf der schrägen Ebene aufzustellen, was natürlich mißlang.

Die häusliche Situation bot dem Kind keine genügenden Wertmaßstäbe. Der Vater, der die Tochter sehr verwöhnte und die unterbegabte Mutter mobilisierten Überansprüchlichkeit und bagatellisierten die Diebstähle der Tochter. Geltungs- und Besitzstreben, gepaart mit Untersicherheitsgefühlen, die sich hierdurch entwickelt hatten, kamen im Scenotest zum Ausdruck.

Bei einem dreizehnjährigen Mädchen aus einer Arbeiterfamilie, das Geld und Photorahmen entwendete, spielte die Prinzessinnenfigur auch die Hauptrolle. Es stellte sie ganz allein auf eine dekorativ, in großem Stil gebaute Freitreppe, die mit verschiedensten Steinfiguren geschmückt war und zu einem Schloß in einem ausgedehnten Park führen sollte. Das Kind selbst wohnte in einer Stadtgegend, wo es keinerlei Schlösser und Parks gab. Es wünschte genau wie seine Mutter, die es sehr verwöhnte, nach außen hin eine Rolle zu spielen, und hatte nie gelernt, sich etwas zu versagen. Wie unsicher es sich aber fühlte, genau wie das Kind im vorigen Beispiel, zeigte auch hier die isolierte Stellung der Prinzessinnenfigur auf der Freitreppe, also einer Umgebung, die geheimen Träumen entsprach und sich von der eigenen Umgebung sehr deutlich abhob. Wie im vorgehenden Beispiel bot auch hier die Mutter keine Geborgenheit, zog aber übergroße materielle Ansprüche der Tochter groß.

In der Scene eines zehnjährigen Jungen, der von den Eltern und Bekannten Geldbeträge entwendete, standen Sicherungstendenzen im Vordergrund. Er spielte, daß ein Zwerg, mit dem er sich augenscheinlich unbewußt identifizierte, Zauberkräfte besaß, Reichtümer in Gestalt des Karfunkelsteins hortete und sich hinter einem doppelten Zaun gegen die Umwelt abschloß. Dies gab einen Hinweis auf Ängste und Unsicherheitsgefühle, denen das Kind durch überkompensiertes Besitz- und Geltungsstreben zu begegnen suchte.

d) Wandel des Scenotests bei Umweltwechsel

Der Scenotest schließt die Gefühlswelt auf und kann als Reaktion auf eine neue Umwelt Haltungsänderungen fördern und zur Darstellung bringen. Dieses veranschaulicht die Scene, die ein Jugendlicher kurz vor seiner Verbringung in eine Erziehungsanstalt und eine weitere, die er in den ersten Tagen in der Anstalt selbst gespielt hat, als er die Konsequenz seiner bisherigen Lebensführung erlebte. Gleichzeitig zeigte sich hier, wie auch Jugendliche auf das Scenotest-Material ansprechen und dadurch aufgelockert werden.

Es handelte sich um einen sechzehnjährigen Großkaufmannssohn, der später Regisseur werden wollte. Er war trotz guter Begabung wegen dauernden Schuleschwänzens aus der Tertia entlassen, aus verschiedenen Internaten und später aus einer Zeichenschule aus den gleichen Gründen entfernt worden; schließlich sollte er wegen nächtelangen Herumbummelns in Bars und mangels jeder tätigen Arbeitsleistung in eine Erziehungsanstalt verbracht werden. Er zeigte künstlerische Begabung und lebhaftes Interesse an den biegbaren Puppen, die er später als Regisseur selbst zu seinen Bühnenbildentwürfen benutzen wollte, und baute folgende Scene (Abb. 17). Auf einer durch wenige Steine angedeuteten Bühne, die im Hintergrund die Stufen zu einem Haus zeigte, stand ein kleines Mädchen unschlüssig zwischen dem Vater und der Mutter, die das Kind mit «lockender Gebärde» und auseinandergebreiteten Armen «mit sich ins Haus nehmen wollte». Das Kind hatte die Schritte zum Vater gelenkt, den Kopf zur Mutter gewandt und schwankte, wem es folgen sollte. Ein Schuljunge eilte der Mutter voran ins Haus.

Gerade zuvor hatte der Jugendliche innerhalb weniger Minuten zwei Zeichnungen entworfen, einen jungen Mann, der eine Last zog, Typ eines Wolgaschiffers, und auf der anderen Seite eine elegante Frau im Ballkleid mit tiefem Rückenausschnitt, wie sie im Weggehen den Kopf zurückwandte und die «kalte Schulter» zeigte.

Die gezeichneten Bilder entsprachen dem, wie er das Leben des Mannes und der Frau an seinen Eltern erlebte. Der Vater, eine weiche Natur, war gewissermaßen der Lastträger und mühte sich sein Leben lang, das Geld zu verdienen, das seine elegante Frau nachts mit Freunden in der Bar ausgab. Als der Junge 10 Jahre alt wurde, erkrankte die Mutter an einer Schizophrenie und wurde in eine Anstalt verbracht, wo sie sich noch befand. Der Junge, dem bei dem allzu nachgiebigen Vater das männliche, tatkräftige Ideal fehlte, an dem er sich innerlich aufrichten konnte, identifizierte sich mit der Mutter, erpreßte von dem wohlmeinenden, aber schwachen Vater dauernd Geld, das er nachts in Kreisen von Künstlern, die den intelligenten, gut aussehenden Jungen gern leiden mochten, durchbrachte. Im Test spielte er sein Schwanken zwischen den Eltern, wie er sie sich eigentlich gewünscht hatte — als energischen Vater und liebevolle Mutter. Bezeichnend für seine Identifizierung mit der weiblichen Rolle im Leben spielte er sich selbst als kleines Mädchen, das zwischen Vater und Mutter stand. Trotzdem war ihm wohl bewußt, daß der Mann eigentlich im Leben der Führende sein sollte. Er ließ den Jungen der Frau voran ins Haus gehen.

Das Erlebnis der Spielscene schlug bei dieser psychologischen Untersuchung die Brücke von dem anfangs sehr verschlossenen Jugendlichen, der mehrere Wochen in öffentliches Gewahrsam genommen war, zu der Ärztin. Er fand Verständnis für seine Lage und Interesse für seine künstlerischen Neigungen und Begabungen. Dies bewirkte, daß er spontan den Vorsatz aussprach, sich reibungslos in die Erziehungsanstalt einzufügen. Er bewährte sich auch und ordnete sich in die für ihn sehr andersartige Umwelt und die für ihn relativ schwere Feldarbeit ohne Schwierigkeiten ein.

Bezeichnenderweise baute er dann dort, als er nach zwei Wochen in der Erziehungsanstalt wiederum das Testmaterial erhielt, folgendes (Abb. 18): Eine Mutter, die gerade nach Haus gekommen war, stand mit ratloser Gebärde da, weil sie den Vater verzweifelt neben dem Bett ihres verunglückten Kindes vorfand. Das auf dem Bett liegende Kind wurde wieder durch dieselbe Puppenmädchenfigur dargestellt wie beim ersten Mal. Dem Kind sollte «etwas passiert sein». Das Puppenkind lag mit schlaff herabhängenden Armen und Beinen auf dem Bett. «Es ist gestürzt», sagte er dazu, «das übrige kann sich der Beschauer denken.» Weiter äußerte er sich nicht hierüber, vielleicht, weil er instinktiv fühlte, daß dies an seine eigene Situation rührte. Gestürzt war er selbst — aus einer künstlerisch und wissenschaftlich begabten Familie in das Milieu einer Erziehungsanstalt. Der verzweifelte Vater und die ratlose Mutter in der Spielscene wußten sich keinen Rat. Diese Situation hatte er zu Hause häufig erlebt. Sie stand ganz im Gegensatz zu seinen eigenen unbewußten Wünschen nach Rat und Fürsorge von seiten der Eltern, wie dies in dem hilflos daliegenden kleinen Mädchen zum Ausdruck kam. Interessant ist, daß er angeblich zu dem Aufbau dieser Scene angeregt wurde, weil die Mutterfigur, als er sie in die Hand nahm, durch ihre Armstellung und Haltung eine Gebärde der Ratlosigkeit zeigte. Ratlosigkeit ist ja ein typisches Merkmal mancher Schizophrener.

Charakteristisch für die Darstellungskraft dieses Puppenmaterials ist, daß ein zehnjähriges, seelisch gesundes Mädchen, das kurz darauf in einem Kinderheim mit diesen Puppen spielte und eine Reihe von Puppen munter aufbaute, plötzlich beim Ergreifen der Vaterfigur, die in der von dem Jugendlichen gegebenen Stellung belassen worden war, vorgebeugte Körperhaltung, mit der einen Hand den nach vorn gesenkten Kopf stützend, mit der anderen irgendwo Halt suchend, betroffen innehielt und ganz erschüttert sagte: «Der Vater hat aber Kummer.»

Ein weiteres Beispiel weist auf, in welcher Weise der Inhalt der Spielscene durch Änderungen der äußeren und inneren Lage des Kindes bestimmt wird und zeigt die verschiedenen Reaktionen eines Mädchens auf die frühere häusliche Atmosphäre und das anschließende Gemeinschaftsleben in einem Kinderheim.

Ein zwölfjähriges Mädchen, Tochter eines ungelernten Arbeiters, das eher schüchtern als aggressiv wirkte, kam wegen Erziehungsschwierigkeiten und ungünstigen häuslichen Verhältnissen in ein Kinderheim. Bei ihrer ersten Untersuchung spielte sie folgende Scene (Abb. 3): Sie baute ein Haus, aber nicht aufrecht stehend, sondern mit schmalen, liegenden Bausteinen wie eine Zeichnung im Aufriß. In das Haus legte sie die Vaterfigur auf einen langen Stein, der als Bett dienen sollte und bedeckte sie mit einem großen zweiten Stein, so daß der Eindruck eines Sarges entstand. Neben dem Haus stellte sie einen langen grünen Stein senkrecht auf, legte einen kleineren quer darüber und erklärte, dies sei ein Baum. Nachts im Dunkeln sollte dann die kleine Eisenbahn, die sie außerdem aufbaute, gegen den Baum und gegen das Haus fahren, so daß alles zerstört und der Vater unter den Trümmern begraben wurde. Auf eine Frage, wo seine Familie wäre, erklärte sie, die Mutter wäre gerade verreist, Kinder hätten sie nicht.

Das Kind lebte mit seinem Vater, der seit Jahren durch ein Nervenleiden ans Bett gefesselt war und der Mutter, die neben der Pflege den Haushalt verdienen mußte, in einer engen Einzimmerwohnung.

Das Kind gab an, gern im Heim, aber auch gern zu Hause zu sein. Ein «liegendes Haus», also ein Haus ohne aufrecht stehende, schützende Mauern, das es baute, deutete aber darauf hin, daß es sich bei den Eltern nicht wirklich geborgen fühlte.

Das Scenenbild wirkte überdies wie ein Grab mit danebenstehendem Kreuz. Es zeigte also eine depressive Grundstimmung. Daß dahinter aggressive Gefühle verdrängt, d. h. von der Bewußtseinsfähigkeit und der bewußten Verarbeitung ausgeschlossen waren, ging daraus hervor, daß das äußerlich sehr gefügige und zurückhaltende Kind im Spiel mit elementarer Gewalt Aggressionen entlud. Es ließ die kleine Eisenbahn nachts gegen den Baum und dann gegen das Haus fahren, so daß dieses zusammenstürzte und der Vater darunter begraben wurde.

Da das Kind in seiner allgemeinen Entfaltung durch den gelähmten Vater sehr gehemmt wurde, waren diese unbewußten feindlichen Gefühle durchaus verständlich.

Nach mehrmonatigem Gemeinschaftsleben in dem Heim spielte es im Sceno-Test: Ein Autofahrer in einem — diesmal mit den Bäumen des Testmaterials aufgebauten — Wald war an einen der Bäume gefahren und hatte sich das Bein gebrochen. Das Mädchen ließ also wieder einem Mann ein Unglück zustoßen, diesmal aber in milderer Form. Es nahm außerdem die Bäume anstatt der starren Balken.

Wieder einige Monate später und zwar nach einem überraschend schweren Wutanfall, der sich gegen die anderen Kinder und die Erzieherin richtete, wobei es in wildem Umsichschlagen beinahe unter einen Omnibus geriet, spielte das Mädchen am nächsten Tag: Ein Elternpaar wartete im Wohnzimmer auf ihr Töchterchen, das der große Bruder aus der Schule abholte, damit es nicht «unter ein Auto käme». Die anderen Kinder waren in einem Nebenraum schlafend beiseite gelegt.

In die Augen fallend war hier der Wechsel der gespielten Scene nach Entladung der Aggression nach außen. Es geschah im Spiel keine Gewalttätigkeit mehr — die als lästig empfundenen Kinder wurden nur schlafend abseits gelegt. Die Aggressivität trat zurück. Dafür wurden nun besondere Wünsche nach Geltung und Umsorgtheit deutlich.

Hier spiegelt der Scenotest nicht nur die Reaktion auf die neue Umwelt wider, sondern fördert gleichzeitig die sich anbahnende innere Umstellung des Kindes.

e) Einblicke in unbewußte Mutter—Kind-Beziehungen

Da das Verhältnis zwischen Mutter und Kind für die Entwicklung des Kindes sehr bedeutsam ist, verwende ich den Scenotest in neuerer Zeit auch bei der Mutter, um ihre unbewußten Beziehungen zum Kind mit zu erfassen. Es ist nicht schwierig, die Mütter anzuregen, mit dem Material zu bauen. Sie erleben die Aufforderung hierzu sogar als besondere Zuwendung.

Aus dem folgenden Beispiel ist zu ersehen, wie die Scene des Kindes und der Mutter die Einblicke in die häusliche Situation vertiefen.

Ein zehnjähriger Junge, der an Enuresis und Hypermotorik litt, stellte das Krokodil auf eine Brücke, die er aus Bausteinen baute und steckte ihm die kleine Mädchenpuppe in den Rachen. Im Hintergrund stand auf der einen Seite die Vaterfigur neben der Kuh, auf der anderen Seite die Mutterfigur neben einem Haus. Vater und Mutter sollten vergeblich versuchen, das Mädchen zu retten. Dieses gelang dann aber dem Hund, der der Scene hinzugefügt wurde.

Die Anamnese ergab, daß der außerehelich geborene Patient weniger zu der Familie gerechnet wurde als eine kleine Cousine aus der Verwandtschaft des Vaters. Unbewußte Aggressionen gegen das kleine bevorzugte Mädchen kamen in seiner Scene zum Ausdruck. Aufgrund der damit gekoppelten Schuldgefühle, wurden sie aber nicht bis zum Ende ausphantasiert.

Der Groll des Patienten gegen das kleine Mädchen erschien einfühlbar, als die Mutter ihrerseits, als sie dazu aufgefordert wurde, eine Scene gebaut hatte. Sie legte die Mutterfigur mit einer kleinen Mädchenpuppe im Arm auf den Liegestuhl. Davor stellte sie für beide einen mit Früchten beladenen Tisch, während eine Jungenfigur im Alter des Patienten etwas abseits stand. Aus dieser Scene ergab sich zugleich, in welcher Richtung die Mutter anzusprechen war.

Das nächste Beispiel zeigt, wie sich die unbewußte Einstellung zwischen der Mutter und ihrem vierzehnjährigen Sohn in den von ihnen erbauten Scenen widerspiegelt.

Bei dem Jungen sollte die Frage geklärt werden, ob er wegen Schuleschwänzens, Herumstreunens und des Verdachtes, in homosexuelle Kreise geraten zu sein, aus dem häuslichen Milieu herausgenommen werden müßte. Mutter und Sohn betonten, daß sie ausschließlich füreinander lebten. Der Patient, der deutlich mädchenhafte Züge trug, wuchs als uneheliches Kind bei der ledigen Mutter auf. Seinen Vater kannte er nicht. Er baute eine Scene, die eine Filmaufnahme darstellen sollte, in der ein Mann von einer Reise zurückkam. Im Vordergrund begrüßte die Frau ihren heimkehrenden Mann. Zwischen beide wurde der Ganter gestellt. Im Hintergrund lag das Baby auf dem Fell zwischen der Großmutter und dem Hündchen. In einiger Entfernung davor schob ein großer Junge einen kleineren auf der Lokomotive vor sich her. Der Patient bezeichnete den Ganter als eine «Schnatterente», die, trotzdem sie sich propulsiv zwischen ihn und die Frau drängte, von dem heimkehrenden Mann einen freundlichen Blick erhielt. Hier deutet sich ein Wunsch nach wohlwollender väterlicher Zuwendung an. Sehnsucht nach Zärtlichkeit und intimer Sphäre zeigte sich gleichzeitig in dem Baby auf dem weichen Fell, das von zwei Seiten behütet wurde. Ein weiterer Wunsch nach mitmenschlichen Beziehungen — hier nach einem Spielgefährten als Partner — ließ das Spiel der beiden Jungen mit der Lokomotive erkennen.

Auffälligerweise gab der Patient später, als er die Scene nicht mehr vor sich hatte, an, nicht ein kleiner Junge, sondern ein kleines *Mädchen* sei von hinten her von dem großen Jungen auf der Lokomotive geschoben worden. Diese Verkehrung der Geschlechterrolle bei den verwendeten Puppenfiguren ließ als unbewußte Fehlhaltung an eine problematische Einstellung zur eigenen Geschlechtsrolle denken.

Auch die Mutter verwechselte männliche und weibliche Puppenfiguren, indem sie von vier Jungen sprach, als sie in ihrer Scene zwei Jungen und zwei Mädchen an verschiedenen Ecken aufgestellt hatte. Sie wurden von einer Mutterfigur, die in der Mitte eines Hauses stand, mit «einladender Gebärde» an den «gedeckten Tisch» gerufen, auf dem aber alles Eßbare fehlte. Auch gab das Haus, das nur drei Wände hatte, da die Türöffnung die ganze vierte Hausseite einnahm, kein Gefühl der Gemütlichkeit und Geborgenheit.

Genau wie bei dem Sohn kam also auch bei der Mutter eine problematische Einstellung zur männlichen und weiblichen Rolle zum Ausdruck. Beide verwechselten in wesentlichen Details männliche und weibliche Puppenfiguren miteinander. In der Interpretation ihrer Scene fand die Mutter «besonders schön», daß zwei der herbeigerufenen Kinder nicht die eigenen, sondern fremde Kinder sein sollten. Hier kam der Wunsch zum Ausdruck, lieber als Wohltäterin zu gelten als echte Muttergefühle zu entwickeln. Die Hohlheit der einladenden Geste sprach sich darin aus, daß auf dem gedeckten Tisch alles Eßbare fehlte.

Der Mangel der Mutter an echter Mütterlichkeit und Weiblichkeit ließ es verständlich erscheinen, daß der Patient die Neigung zeigte, sich betont zu männlichen Personen hingezogen zu fühlen.

Die Auswertung des Scenotests ließ angezeigt sein, den Jungen von der für seine Erziehung ungeeigneten Mutter und der möglicherweise homosexuell gefährdenden Umgebung zu trennen und in ein heilpädagogisches Heim zu verbringen.

II. Der Scenotest als Hilfsmittel in der Therapie

a) Zur psychotherapeutischen Beratung

In zunehmendem Maße hat sich neben der diagnostischen Anwendung der Scenotest als *therapeutisches* Hilfsmittel bewährt. Er kann bei leichter gelagerten neurotischen Störungen und akuten Konfliktsituationen, besonders bei Erwachsenen in ein psychotherapeutisches Gespräch eingefügt, helfen, dem Patienten Einsichten in seine Problematik durch die von ihm aufgebaute Scene anschaulich zu vermitteln.

Auch in der Erziehungsberatung gibt er lebendigere Einblicke in die Schwierigkeiten eines Kindes als lediglich eine eingehende Rücksprache. Schon eine einmalige Scene, die ein Kind spielt, kann die Haltung seiner Angehörigen entscheidend beeinflussen und das Kind selbst nachhaltig auflockern, wie das folgende Beispiel zeigt.

Ein 10jähriger Adoptivsohn eines Akademikers war mehrfach von seinen an sich wohlmeinenden Adoptiveltern in Heimen untergebracht worden, weil jedes Mal bei Zurücknahme nach Hause erneut Erziehungsschwierigkeiten auftraten.

Der sehr verschlossene und gehemmte Junge stellte drei Gräber durch einzelne Beete unter Bäumen dar. Das eine Grab sollte das des Königs sein, zu dem die kleine Königstochter (Pr.-Fig.) mit dem Spaten ging, um dort Blumen einzupflanzen. Ihr Vater, der König, sollte schon lange tot sein.

Mit einem Krug ging ein Schulmädchen zu der zweiten Grabstelle, um die «Vergißmeinnicht» zu begießen, die dort wachsen sollten. Hier lagen ihre kurz vorher gestorbenen Eltern.

Zu dem dritten Grab, in dem ein Junge begraben sein sollte, ließ der kleine Patient eine Mutterfigur gehen, die die Schwester dieses Jungen darstellte.

Er spielte also, daß ein mächtiger, schützender Vater, nämlich der König, gestorben war und ebenso ein Elternpaar. Sein eigener Vater war für ihn tot, denn er kümmerte sich nie um ihn. Seine Adoptiveltern fürchtete er jetzt auch verloren zu haben, da sie ihn in ein Heim weggaben. Seine Hoffnungslosigkeit drückte sich darin aus, daß er zuletzt auch noch einen Jungen begraben sein ließ. Ganz offensichtlich kam während des Spieles, das ihn sehr ergriff und auflockerte, eine bisher hinter seiner ablehnenden Haltung verborgene depressive Stimmung hervor.

Wie der Junge spontan erzählte, hatte sich sein eigener Vater nie um ihn gekümmert. Mit schwerer Enttäuschung hatte er nun erlebt, daß die Adoptiveltern ihn, wie er es empfand, in ein Heim «weggegeben» hatten. Daraus entwickelten sich verständlicherweise ambivalente Gefühle, die der Junge aber nicht bewußt erlebte, verbunden mit Schuldgefühlen. In seiner Spielscene kam dieses zum Ausdruck. Er ließ nahe Angehörige sterben, dann aber ihre Gräber liebevoll pflegen.

Aus dem ganzen Scenenbild dieser drei Gräber mit den einsam Trauernden sprach eine große Verlassenheit. Diesem Eindruck konnte sich die Adoptivmutter, der die gestaltete Scene gezeigt und verständlich gemacht wurde, nicht entziehen, und sie beschloß sofort, das Kind auf die geplante Sommerreise mitzunehmen, um es dann wieder ganz bei sich zu behalten — diese Entscheidung hatte durch die psychotherapeutische Beratung erleichtert werden sollen.

b) Behandlung des Kindes mit gleichzeitig laufender Beratung der Eltern

Bei einem Stotterer, der ebenso wie sein drei Jahre älterer Bruder ein graziler und besonders sensibler Junge war, erleichterten der Mutter die Hinweise, die ihr in der Beratung anhand der Scenen gegeben wurden, die Probleme ihres fünfjährigen Jungen zu verstehen und gleichzeitig an der Scenenfolge ihrer eigenen Umstellung zu erkennen. Der Vater war gefallen. Gegenüber der überbeanspruchten, resoluten und rein äußerlich sehr mächtig wirkenden Mutter, die unter schwierigsten Umständen den Unterhalt verdienen und gleichzeitig den Haushalt versorgen mußte und der äußerst temperamentvollen kleinen Schwester konnten die beiden sensiblen Jungen sich schwer behaupten.

In der Initialscene (Abb. 19) stellte der Fünfjährige einen Mann in Gestalt der Vaterfigur hin, der sich mit unzulänglichen Mitteln — ihm war lediglich ein Hund in Gestalt des Fuchses als Helfer zugesellt — gegen ein über eine Mauer kletterndes Krokodil wehren sollte. Die Kuh dagegen, als mütterliches Symbol lesbar, stand in einem geschützten Stall. Er hatte ihr das weiche Fell übergedeckt, so als ob er wünschte, die Mutter möge ein weicheres Fell haben.

Die Hinweise auf die Probleme des Kindes, die in dem Test anschaulich wurden, sprachen die Emotionalität der Mutter besonders an. Sie wandte sich ihren beiden kleinen Söhnen gemüthafter zu.

In einem der späteren Scenotests (Abb. 20) kam dies zum Ausdruck. Der kleine Sohn konnte sich jetzt vorstellen, daß eine Mutter nicht nur aktiv, sondern auch besinnlich sein kann. Er legte die Mutterfigur in den Liegestuhl. Ihr gegenüber stellte er eine Vaterfigur, auf deren Schulter er die zweite Vaterfigur setzte. Dazu sagte er ganz stolz: «Vater auf Vater ist ganz großer Vater.» Hiermit war eine positive Einstellung zu seiner eigenen Geschlechtsrolle und eine jungenhafte Entwicklung des bisher scheuen und schüchternen Kindes angebahnt, bei dem auch im Laufe dieser Art «Mutter-Kind-Behandlung» das Stottern behoben werden konnte.

c) Tiefenpsychologische Kurztherapie

Die zunehmende Zahl der Patienten, die psychischer Heilbehandlung, die sich an die tieferen Schichten des Seelischen wendet, zur Behebung ihrer neurotischen Störungen bedürfen, läßt den an sich selbstverständlichen Gesichtspunkt, die Behandlung so weit wie möglich zu verkürzen, immer dringender erscheinen und zwar so, daß ihre Wirkkraft nicht vermindert wird. In leichteren Fällen können in einer tiefenpsychologischen Kurztherapie, in der der Patient lediglich in Abständen von einigen Wochen mit dem Testmaterial Scenen aufbaut, Einsichten vermittelt werden, die in den Zwischenzeiten reifen und zu Haltungsänderungen führen. Bei dem nächsten Scenenspiel nach einigen Wochen kann dann die Thematik des ersten Spiels unbewußt aufgegriffen, aber fruchtbar verarbeitet, die weitere Anpassung an die Realität fördern.

Dies ließe sich etwa damit vergleichen, daß der Pianist ein durchgearbeitetes Werk einige Wochen beiseite legen kann und dann bei erneutem Studieren bemerkt, daß nicht nur die Technik, sondern auch die Auffassung inzwischen durch unbewußte innere Verarbeitung weiter fortgeschritten ist.

Ein kurzes Beispiel hierfür:

Ein zwölfjähriges Mädchen, das bei Pflegeeltern aufwuchs, die es anfänglich freundlich aufgenommen, dann aber wegen Erziehungsschwierigkeiten in ein Kinderheim gebracht hatten und nicht wieder aufnehmen wollten, ließ im Spiel erkennen, wie es zuerst die ihm zum Bewußtsein gebrachte unabänderliche Realität ablehnte.

Es spielte mit starker innerer Bewegung bei der Erstuntersuchung: Ein Junge und ein Mädchen hatten keine Eltern, kamen aus dem Wald und wurden liebevoll von einem fremden Elternpaar, das bei Tisch saß, aufgenommen, wie sie dies im Haus der Pflegeeltern selbst erlebt hatte.

Da ich die Situation des Kindes kannte, versuchte ich ihr nahezubringen, daß, wenn man keine Mutter habe, man einmal selbst eine Mutter spielen könnte. Ob sie nicht irgendeins der kleinen Kinder im Heim bemuttern wolle, setzte ich hinzu. Darauf spielte sie anschaulich, wie sich eine Puppenmutter besonders freundlich und liebevoll mit ihrem Kind beschäftigte, genügend Zeit für das Kleine hatte und übertrug die Haltung der Puppenmutter in der Realität auf ein kleines Kind des Heimes. Sie söhnte sich durch die Entfaltung ihrer eigenen Mütterlichkeit und das Erlebnis der Zuwendung des kleinen Kindes zu ihr allmählich mit den Gegebenheiten aus und bewältigte sie positiv. Die Katamnese bestätigte diesen Erfolg als einen bleibenden.

d) Einsatz in der psychoanalytischen Behandlung

1. Bei Kindern:

In Abhebung von der eben beschriebenen tiefenpsychologischen Kurztherapie, wird bei einer psychoanalytischen Behandlung, wie sie bei schwerer neurotisch gestörten Kindern notwendig ist, der Patient in jeder Behandlungsstunde laufend zum Bauen mit dem Scenotest-Material aufgefordert.

Der Ausdruck «Bauen» im Gegensatz zum «Spielen» bewirkt, daß das Kind unwillkürlich die analytischen Behandlungsstunden vom Spielen als seiner Freizeitbeschäftigung unterscheidet. Ganz besonders wird dadurch auch in Kinderheimen für das Kind die Behandlungsstunde beim Therapeuten aus dem allgemeinen Spiel herausgehoben.

Wie ich beobachten konnte, spüren Kinder diesen Unterschied, indem sie z. B. ,wenn sie in die pspychotherapeutische Praxis gehen, sagen: «Ich gehe zum Bauen». Diese Unterscheidung verstand auch z. B. eine Lehrerin, die einen motorisch sehr unruhigen und unkonzentrierten 10jährigen Jungen, der einmal wieder im Unterricht besonders störte, mit den Worten, wie er berichtete, in meine Sprechstunde schickte: «Geh mal wieder zum Bauen, dann wird's wieder besser mit dir».

Hierbei baute er einmal, als die etwas unangepaßte Art seines Umgehens mit der Lehrerin besprochen war— er hatte mit ihr einen kleinen Ringkampf ausgeführt, um sich seine Zündplätzchenpistole in der Klasse nicht wegnehmen zu lassen — in der nächsten Stunde einen Boxkampf zwischen zwei Männern in einem Stadion, bei dem der eine von beiden k. o. wurde. Er gab damit gewissermaßen in seiner Scene Antwort und zeigte, daß ihm klar geworden war: Aggressionen in der Welt sind erlaubt, aber sie müssen in die unter den Menschen üblichen Ordnungen eingepaßt werden.

Die therapeutische Wirkung dieses «Bauens» spielt sich dabei für die kindlichen Patienten unbewußt ab. Dieses kam zum Ausdruck, als eine 17jährige Patientin bei einer gelegentlichen Begegnung zu mir sagte: «Vor fünf Jahren war ich in ihrer Behandlung. Ich ging zweimal in der Woche zum «Bauen» zu Ihnen. Ich weiß nicht mehr, weshalb ich kam, nur, daß das, weshalb ich gekommen war, dann wieder in Ordnung war.»

Aus einer solchen fortlaufenden Scenotesttherapie führe ich eine Scene eines 10jährigen Mädchens an, die dadurch bedeutsam war, daß sie halb vergessene schwer angstbesetzte Erinnerungen wieder lebendig werden ließ, die im Zusammenhang mit den Symptomen des Kindes — Migräne und Angstzuständen — standen.

Das 10jährige Mädchen (Abb. 21) legte das Baby auf das Fell gebettet auf das Dach eines Hauses, in einiger Entfernung baute es eine Art Tempel, unter dem eine Königin begraben liegen sollte, während ein «Stier» in Gestalt der großen Kuh auf dem Erdboden «umherwütete».

Wie die Anamnese ergab, war das damals 5jährige Kind als Einziges aller Kinder einer Scharlachstation, die durch eine Bombe in die Tiefe gestürzt war, lebend und bei Bewußtsein nach 72 Stunden Verschüttung in den Armen einer toten Krankenschwester von einem Bergungssoldaten aufgefunden und ans Tageslicht gebracht worden. Tief bewegt empfing die harrende Menge das Kind — aber die Mutter fehlte. Die Eltern, vom Tode ihres Kindes überzeugt, hatten die Unglücksstätte bereits verlassen. Das Kind erinnerte sich nur dunkel und ohne bewußte Angst an diese Ereignisse. Im Unbewußten mag die Erinnerung aber mit Ängsten und Aggressionen gegen die Mutter verbunden gewesen sein, da sie diese nach ihrer Verschüttung nicht sofort vorgefunden hatte. Sie ließ ja in ihrer Spielscene nun ihrerseits eine Mutterfigur (die Königin) begraben sein und dafür das Baby oberhalb der Erde liegen, wenn auch vereinsamt auf einem Dach, gewissermaßen den entfesselten Schicksalsgewalten, die sich in dem «um sich wütenden Stier» andeuten mochten, ausgeliefert. Gleichzeitig konnte dies auch darauf hinweisen, daß die Patientin das Männliche als schreck- und furchterregend erlebte. Aus der Anamnese wäre dies verständlich, da sie nach Kriegsende eine Vergewaltigung der Mutter miterlebt haben soll.

Das Aufsteigen der angstbesetzen Erlebnisse gab die Möglichkeit, diese zu verarbeiten und damit die neurotische Symptomatik zu beheben.

Bekanntlich löst nicht nur eine einmalige schwere Erschütterung, sondern häufiger ständige seelische Belastung eine neurotische Fehlhaltung bei einem Kinde aus. Bei Kindern mit Bronchialasthma finden sich vielfach starke Einengungen der normalen Expansionen durch ehrgeizige, überfordernde und dadurch bedrückende Mütter.

In seiner Initialscene (Abb. 22) baute ein zehnjähriger Patient mit Bronchialasthma ein Theatergebäude mit hohem Turm und einer Wetterfahne darauf. Auf dem Platz davor sollte ein Verkehrsschutzmann nach Angabe des Patienten nicht imstande sein, für die Ordnung des Straßenverkehrs zu sorgen und gleichzeitig zwei streitende Männer auseinander zu bringen. Der Mann wurde also hier von dem Patienten als machtlos und unfähig den alltäglichen Lebensanforderungen gegenüber gespielt, indem er in eine Situation gestellt wurde, die er gar nicht bewältigen konnte. Dies ließ Hinweise entnehmen, daß der Patient die männlichen, erwachsenen Personen seiner Umgebung dem täglichen Leben gegenüber als hilflos empfand. Die Wetterfahne auf dem Theatergebäude mit hohem Turm, also dem Scenendetail, das in analytischer Sicht als Symbol einer Frau zu lesen wäre, die sich besonders in Scene setzt und eine Rolle spielen will, mochte darauf hindeuten, daß der Junge weibliche Personen seiner Umgebung als wetterwendisch, unberechenbar und prätenziös empfand.

In einer der nächsten Scenen (Abb. 23) saß eine Mutterfigur auf einem erhöhten fellbedeckten Sessel, wie auf einem Thron und dressierte mit dem Klopfer in der Hand «Stiere», dargestellt durch 4 Kühe des Scenotest-Materials, die sich der Patient aus verschiedenen Kästen zusammengesucht hatte. Diese saßen vor ihr in einem Halbkreis in einer durch Bausteine angedeuteten Arena auf ihren Hinterbeinen, gewissermaßen «Männchen machend». Wenn ein Kind auf einen derartigen Einfall kommt, liegt es nahe, anzunehmen, daß die männlichen Mitglieder der Familie zu Hause nicht viel zu sagen haben. Tatsächlich stand ein unmännlich selbstunsicherer

Vater einer Frau gegenüber, die durch ihre «vergewaltigende Liebe» ihre Familie unter Druck setzte. In dieser häuslichen Atmosphäre konnte daher der kleine Patient «schwer Luft bekommen», was sich in seiner neurotischen Symptomatik direkt ausdrückte.

Während sein älterer Bruder aus dieser bedrückenden Situation für immer davon gelaufen war und sich nur kurz einmal als Erwachsener wieder meldete, war der anlagemäßig besonders sensible Patient, der im Gegensatz zu seinem Bruder als Kleinkind niemals eine Trotzphase durchlaufen und nicht gelernt hatte, Initiative und Eigenwillen zu entwickeln, übergefügig, und daher innerlich hilflos. Er erlebte sich schon in seiner ersten Kindheitserinnerung ohne Geborgenheit und der Willkür preisgegeben.

In einer Darstellung seines «ersten Kindheitserlebnisses» baute er (Abb. 24) typisch hierfür, einen Deichbruch, vor dem die Kindergärtnerin mit ihren Kindern zu fliehen versuchten. Hier stand das Gefühl der Ohnmacht gegen Schicksalseinbrüche im Vordergrund des Erlebens. Dieses Verlassensein kam als ein Gefühl der Geworfenheit in der Welt auch noch in einer folgenden Scene erschütternd zum Ausdruck (Abb. 4). Ein Mann betete vergeblich zum lieben Gott, wie der Patient sagte, um die Errettung seiner Frau, die bei einem Autozusammenstoß durch den Anprall des herbeieilenden Rettungswagens verunglückt war. Auf die Frage, ob dieses Gebet erhört werden sollte, antwortete der Patient resigniert wie selbstverständlich: «und sie stirbt eben doch.» In einer Welt, in der ausgerechnet Rettungswagen Todesunfälle verursachen, die männliche Rolle als hilflos erscheint, die Mutterfiguren als überwältigend erlebt werden, ist kein Raum für eine kindlich vertrauende Haltung dem Schicksal gegenüber. So betet der Mann vergeblich, bezeichnenderweise in einem Kirchenschiff, dem das schützende Dach fehlt. Der Junge hatte den Turm der Kirche so hoch gebaut, daß ihm für das Dach der Kirche die Steine fehlten.

Neben der Kirche hatte er die Figur eines Mannes als Christus «ans Kreuz geschlagen». Blindlings dem Schicksal ausgeliefert, glaubte der kleine Patient, wie dieses Scenendetail anzudeuten vermag, den Ausweg aus dieser Hoffnungslosigkeit in extremster Leidensbereitschaft sehen zu müssen. Hierbei schienen unbewußte Aggressionen gegenüber der Mutter, die in dem tödlichen Verkehrsunfall der Frau hervorkamen, mit einem Sühnebedürfnis gekoppelt, das sich in der Kreuzigung der männlichen Figur andeutete.

Nachdem sich der Patient im Laufe der Scenenspiele mit seinen verdrängten Gefühlen in dieser greifbaren Gestalt auseinandergesetzt hatte, entwickelte er positive zwischenmenschliche Beziehungen. Er löste sich von der Fixierung an die Mutter, wurde innerlich freier und begann, jungenhaft und außer Haus zu spielen. Er verlor sein vergrämtes greisenhaftes Aussehen, gleichzeitig wurde sein Asthma behoben.

Ein anderes Beispiel des Ablaufs einer Kinderanalyse an Hand der Stunde für Stunde aufgebauten Scenen, zeigt wie zuerst das zentrale Problem der gestörten mitmenschlichen Beziehung zur Auseinandersetzung im Spiel drängte und danach erst die Wurzel des an sich lärmenden Symptoms, des pavor nocturnus und nächtlichen Schlafwandelns, das zur Behandlung geführt hatte, zu Tage trat.

Nur beiläufig hatten die Eltern, die den zehnjährigen Jungen an sich wegen des nächtlichen Aufschreckens zur Behandlung brachten, erwähnt, daß er sich mit dem ein Jahr jüngeren Bruder ständig stritte, wobei er der Störenfried sein sollte, während er in gutem Einvernehmen mit dem sechzehnjährigen Bruder und der vierzehnjährigen Schwester, ebenso wie mit dem im Nebenhaus lebenden kleinen Vetter stand.

Zu Beginn der Behandlung zeigte sich durch seinen Scenotest eindeutig, daß die Feindseligkeiten gegen den kleinen Bruder eigentlich um die Zuwendung der Mutter gingen.

Wie problematisch ihm diese und ebenso die Beziehung zum Vater erschien, ließen folgende Scenen erkennen:

Kinder bauten Schneemänner — wie schon darauf hingewiesen, lassen häufig solche Kinder, die zu Hause eine kühle Atmosphäre empfinden — den Schneemann im Spiel auftreten. Erwachsene Ehepaare wandten sich von den Kindern ab. Sie sollten keine Kinder haben. Nach dem Grund befragt, gab der Patient an: «Sie wollen keine Kinder, Kinder kosten so viel, Kinder machen so viel Arbeit.» Wie die Unterhaltung mit dem kleinen Patienten ergab, war ihm selbst sehr fraglich, ob seine Eltern eigentlich Kinder haben wollten.

Um eine nähere Beziehung zu der Mutter anzubahnen, schlug ich ihm vor, die Mutter einmal selbst danach zu fragen. Dies tat er erst nach einigen Wochen, und, wie die Mutter erzählte, eines Morgens an der Tür gerade beim Weggehen zur Schule. «Wenn ihr uns nicht hättet, möchtest du uns dann doch haben?» fragte er beiläufig.

Die Antwort der Mutter «aber natürlich, wir möchten euch doch nicht missen», mußte ihm in Tonfall und Formulierung nicht sehr eingeleuchtet haben. Denn in Gegenwart einiger Lehrer und Lehrerinnen, die einmal einen Einblick in diese Methode bekommen wollten, und deshalb dem Spiel des Kindes zuschauten, spielte er wiederum ein «kinderloses Ehepaar» —

der Mann saß am Frühstückstisch, die Frau stand vor der Anrichte, wie wenn sie sie bewachen wollte, obwohl sich darauf nur «nachgemachte» Früchte zum Ansehen statt zum Essen befanden. Von diesem Ehepaar sagte er spontan wieder mit unbeteiligtem Gesicht: «Die wollen keine Kinder, Kinder kosten so viel, Kinder machen so viel Arbeit.» Es klang, als ob ihm das ganz selbstverständlich wäre. Der glückliche Einfall einer jungen Lehrerin, das Baby aus dem Testmaterial diesem Ehepaar dazu zu legen mit der Frage: «Und wenn doch ein Baby käme, würden sich da die Eltern nicht doch freuen?» hellte plötzlich das Gesicht des Jungen auf. Er lächelte ein klein wenig und sagte dann leise: «Der Vati — vielleicht doch.»

Wie sehr ihn diese Frage und die Haltung der übrigen Anwesenden in gleichem Sinne positiv beeindruckt und bestätigt hatten, zeigte die Scene, die er in der nächsten Behandlungsstunde aufbaute:

Ein Vater, den er — bezeichnend für die positive Übertragung in der Behandlung — durch die Arztfigur darstellte, holte an einer Verkaufsbude eine Milchflasche für sein Baby. Zusehends wurde der Junge zu Hause aufgelockerter, zugänglicher und friedlicher.

Die Anbahnung positiver Beziehung zur Umwelt bedeutete indirekt auch ein Angehen des Symptoms, das die Eltern zum Arzt geführt hatte — des pavor nocturnus und des Nachtwandelns. Beide Symptome vermögen auf Mangel an Geborgenheitsgefühl, durch fehlendes Kontaktvermögen besonders in der Familie begründet sein.

Der ganz spezielle Hintergrund der unbewußten nächtlichen Angstzustände in diesem Fall kam zum Vorschein, als der Junge im Sinne der «gezielten Therapie», die weiter unten näher geschildert wird, seinem Scenenaufbau ein bestimmtes Thema zugrunde legen sollte. Und zwar wurde er in einer der folgenden Stunden aufgefordert, etwas zu bauen, was «zum Erschrecken» wäre. Ausdrücklich wurde nicht dazugesagt, «etwas, was ihn nachts erschrecke», damit nicht gerade freie Einfälle in dieser Richtung durch das reflektierende Denken eingeschränkt würden.

Sehr plastisch baute er darauf (Abb. 26) die Großmutterfigur am Fußende des älteren von zwei schlafenden Brüdern mit hocherhobenen Armen und etwas vorgestrecktem Oberkörper auf, wie wenn sie den Jungen beschwören wollte. Dazu sagte er: «Das ist ein Geist und erschreckt den Jungen. Davon wird man geisteskrank.» Nach eingehender Unterhaltung hierüber konnte er überzeugt werden, daß es solch einen Kausalzusammenhang nicht gibt. Damit hörte der pavor nocturnus bei dem Kinde auf.

Hier kamen also bei einem zehnjährigen Jungen als Wurzel des pavor nocturnus Mangel an Geborgenheitsgefühl durch Störung des Kontaktes zu den nächsten Beziehungspersonen und zuletzt noch eine irrtümliche Vorstellung — die kausale Verbindung «Geistes-krank-werden» und «Erschrecken-vor-nächtlichem Geist» — im Scenenspiel zum Ausdruck und zur inneren Verarbeitung.

2. Bei Erwachsenen:

In psychoanalytischen Behandlungen Erwachsener, die anhand von Träumen und freien Assoziationen ablaufen, kann der Scenotest mit eingesetzt werden. Es vermögen sich die in einer Behandlungsstunde berichteten Träume und der in der gleichen Stunde gespielte Test inhaltlich zu ergänzen, z. B. in der Art, daß der Scenotest eine besondere Problematik aufweist und der vor- oder nachher berichtete Traum die Genese für diese Problematik aus der Lebensgeschichte ersehen läßt. Gleichzeitig kann die lebendige Darstellungskraft der Puppen ebenso wie beim Kind und Jugendlichen verdrängte Wünsche und Tendenzen aktivieren und vergessene oder verschüttete Erlebnisse heraufkommen lassen. Hierfür bezeichnend ist die Äußerung einer Patientin, die anschließend an die Darstellung ihrer ersten Spielscene plötzlich sagte: «Sonst habe ich oft nicht gewußt, was ich erzählen soll, heute stürzt alles auf mich ein, ich weiß gar nicht, wo ich anfangen soll.» Tatsächlich brachte sie auch daraufhin besonders reichhaltiges Material. Der Scenotest wirkte hier im Sinne einer Reizkörpertherapie. In gleicher Weise kann eine Stockung in der therapeutischen Behandlung Erwachsener, zum Beispiel, wenn die Träume nicht erinnerlich bleiben, dadurch gefördert werden, daß etwa eine Scene aus einer Kindertherapie erzählt und erläutert wird, die in Richtung der anzunehmenden akuten Problematik des erwachsenen Patienten geht. Es können so wesentliche Kindheitserinnerungen ins Bewußtsein gerufen werden. Zum Beispiel erinnerte sich plötzlich eine erwachsene Patientin, die zu Beginn der Stunde keinen Traum mitgeteilt hatte, eifersüchtiger Regungen auf ihre Schwester in der Kinderzeit, als ihr die Wettkampfscene zweier feindlicher kleiner Puppenbrüder aus dem Scenotest des oben erwähnten Kindespatienten erzählt wurde. Dadurch kam ihr der Traum der letzten Nacht ins Gedächtnis zurück. In dieser Weise mobilisiert der Scenotest verdrängte Affekte und die dazugehörigen Träume.

Ein weiteres Beispiel für die Verbindung von Scenotest und Analyse einer erwachsenen Patientin: Eine 55jährige Oberin litt an Abasie und

Astasie, ohne daß eine organische Störung zugrunde lag. Nach längerer tiefenpsychologischer Behandlung wurde sie in einer Sitzung aufgefordert, mit dem Scenotest-Material etwas aufzubauen. Sie ergriff zuerst die Hausangestelltenfigur und ließ sie mit entsprechender Armhaltung sehr lebendig einen gemischten Chor dirigieren (Abb. 27). Dieser Chor, der aus männlichen, weiblichen und Kinderpuppenfiguren bestand, war in der entsprechenden Anordnung der Stimmen im Halbkreis um die dirigierende Hausangestellte aufgebaut. Damit zeigte die Patientin, ohne es selbst zu bemerken, die ihr unbewußte Leitlinie ihres Lebens.

Aus einfachen Verhältnissen — sie war die Tochter eines ungelernten Arbeiters — arbeitete sie sich zur Krankenschwester und später sogar zur Oberin einer Klinik herauf. Wie aus ihrer Krankengeschichte hervorging, war sie aber eigentlich auch mit dem Erreichen dieser bevorzugten Stellung nicht zufrieden und hatte den Wunsch, wie einer der Ärzte die oberste Leitung der gesamten Klinik zu haben, also zu dirigieren. Daher stellte sie entsprechend ihrem eigenen Lebensweg den Chordirigenten, also den Vertreter eines ausgesprochen männlichen gehobenen Berufes durch die Hausangestellte dar und zeigte damit gleichzeitig ihr Ressentiment gegen die Männerwelt, die es ja besonders in der Zeit, als die Patientin jung war, im Beruf wesentlich leichter hatte, sich durchzusetzen. Die Tendenz, dirigieren zu wollen, lag ihr nahe, weil die Mutter zu Hause die ganze Familie dirigierte, auch den passiven, schwachen Vater. Sie selbst wurde von dem Ehrgeiz der Mutter nach selbständiger Berufsstellung in diese Richtung gedrängt. Die Mutter erklärte schon beim ersten Schrei: «Dies Kind wird eine Lehrerin», der Wunsch nach gehobener selbständiger Berufsstellung blieb der Mutter selbst aus wirtschaftlichen Gründen versagt.

Der Scenotest zeigte also, daß in dem Leben der Patientin Tendenzen eine Rolle spielten, die über das ihr bekannte Maß noch erheblich hinausgingen. Sie wußte, daß sie strebsam und sogar ehrgeizig war, aber sie wußte nicht, daß das erreichte Ziel der Oberin in der Klinik ihr nicht genügte. Mindestens hätte sie Oberin eines ganzen Ordens werden müssen. Dieses Nichtgenügen, ihr unbewußt, dokumentierte sich im Scenotest. Es handelte sich um ein Streben, das bei Frauen häufig in typischer Weise gehemmt zu sein pflegt und als Inhalt hat, es den Männern gleich zu tun.

Ihre Symptomatik besagte, daß daneben auch Tendenzen zu Passivität und Hingabe verdrängt waren — sie konnte nicht allein gehen und stehen. Es hätte ihr eben mehr gelegen, im Leben liebevoll geführt zu werden, was ihr schon in der Kindheit bei der kühlen, energischen Mutter gefehlt hatte. Bewußt empfand sie für die Mutter große Verehrung, in der Tat aber hatte sie schwere Aggressionen gegen sie verdrängt, was in einem der nächsten Scenotests deutlich zum Ausdruck kam.

Sie spielte die Trauerfeier der Mutter ihrer Cousine, die der Krankengeschichte nach für sie die Mutter schlechthin verkörperte, wagte aber bezeichnenderweise nicht, den Sarg selbst hinzustellen, da dies zu stark affektbetont war. Sie war trotz ihres Alters übermäßig an die längst verstorbene Mutter gebunden und wäre am liebsten bis an ihr Lebensende von ihr geführt worden. Durch die tiefenpsychologische Behandlung wurden Kräfte frei, die sie aus dieser Fixierung lösten und den bisher unbewußten Aggressionen Raum gaben. Daher kamen die Liebesbeziehungen zur Mutter in Konflikt mit den unbewußten Todeswünschen ihr gegenüber und es wurde ihr unmöglich, den Sarg, das Sinnbild der tot gewünschten Mutter, darzustellen. Sie baute daher nur alle Leidtragenden in zwei Reihen einander gegenüber auf, oben quer den Altar; in der Mitte aber blieb der Platz für den Sarg leer.

Interessanterweise erzählte die Patientin später noch, daß sie ursprünglich, als sie das Puppenmaterial zu allererst liegen sah, den Einfall hatte, Iphigenie darzustellen — also eine Figur, die sich nach Heimat und Geborgenheit sehnte, den Mann ablehnte und ihre Umgebung lenkte. Demnach identifizierte sie sich mit einem unschuldig geopferten Wesen, das von göttlicher Hand gerettet und ohne ihren eigenen Willen zur hohen Stellung einer jungfräulichen Priesterin bestimmt wurde.

Man macht also immer wieder die Erfahrung, daß auch Erwachsene, sobald sie unvoreingenommen das Material in die Hand nehmen, ihre eigene Problematik darstellen.

Die Astasie und Abasie konnte in diesem Fall durch die längere tiefenpsychologische Behandlung geheilt werden.

Ein weiteres Beispiel aus der Psychoanalyse Erwachsener: Der 43jährige Inhaber einer Weingroßhandlung, die er von seinem verstorbenen Schwiegervater übernommen hatte, litt seitdem an Anfällen von Herzfunktionsstörungen mit Angstgefühlen, sterben zu müssen. Er baute etwa in der Mitte seiner psychoanalytischen Behandlung u. a. folgende Scene (Abb. 28):

In das Zentrum stellte er die Großvaterfigur, die, wie er sagte, einen unlauteren Konkurrenten darstellen sollte. Er selbst diesem gegenüber gestellt, sollte sich in Auseinandersetzung mit ihm befinden. Hinter sich stellte er seine Familie von der Schwiegermutter bis zu seinen fünf Kindern auf. Er begründete dies damit, daß seine Familie bei ihm sein sollte, weil sie seinem Herzen am nächsten stehe. Es erweckte jedoch den Eindruck, daß seine ganze Familie ihm in dieser beruflichen Auseinandersetzung den

Rücken stärken sollte. Gleichzeitig drehte er ihr aber den Rücken zu, und es wurde ersichtlich, daß nicht sie, sondern sein Berufsleben und die Auseinandersetzung mit beruflichen Gegenspielern im Mittelpunkt seines Lebens stand. Obwohl der geschäftliche Konkurrent nur wenig älter sein sollte als er selbst, stellte er ihn in der Figur des Großvaters dar — ein Zeichen, daß er dazu neigte, Männer, die sich ihm entgegenstellten, als Autorität zu erleben.

Im Laufe der weiteren von ihm erbauten Scenen zeigte es sich, daß es ihm allmählich besser gelang, sich in seinem Berufsleben durchzusetzen, so daß es nicht mehr den alleinigen Mittelpunkt seines Lebens darstellte. Es gelang ihm nun auch, Herr im eigenen Geschäft zu werden, in dem bisher seine Schwiegermutter tonangebend war. Daraufhin konnte er seine gehemmte Emotionalität entfalten und, weniger im Beruf eingespannt, sich seiner Familie zuwenden. Es fiel ihm selbst auf, daß er von da ab während seiner Behandlung viel häufiger Scenen aus seinem Familienleben aufbaute, in denen er sich nun als Haupt der Familie im gemütlichen Kreis mit Frau und Kindern darstellte.

Im Zusammenhang mit seinen Ausführungen über die psychischen Hintergründe bei essentieller Hypertonie weist MEDARD BOSS darauf hin, daß Scenen, die er mit dem Scenotest-Material im Verlauf einer mehrjährigen Psychoanalyse bei einem 33jährigen Patienten mit funktionellem Hochdruck im Abstand von einigen Monaten aufbauen ließ, besser als alle Worte den psychotherapeutischen Heilungsablauf verstehen lassen. Das Umgehen mit dem Scenotest-Material im Rahmen der notwendigen großen und geduldigen Analysenarbeit fördert, wie Boss ausführt, die Lockerung der Fassadenhaltung des Hypertonikers mit seiner inneren Unbeteiligtheit, Überkorrektheit, Starre und Distanziertheit und verhilft zum Durchbrechen eigener, wilder animalischer Impulse, die bis dahin vom Wachbewußtsein zurückgehalten wurden und deren Integrierung in die Gesamtpersönlichkeit verhinderten.

In den weiteren von ihm in der Behandlung aufgebauten Scenen wagten sich mit der Zeit triebhafte Impulse meist wild überflutend dramatisch u. a. auch in Form einer Katastrophe bei einem Autorennen hervor. Allmählich kamen sie in gelockerter Form zum Ausdruck, zuletzt als echte Lebensfreude in einer Scene mit tanzenden Paaren verschiedener Altersstufen.

Ein Vierteljahr nach Beendigung der Analyse stellte sich der Patient entspannt auf dem Fell dar, neben ihm der schlafende Hund, in einer offenen Waldlandschaft ohne starre Symmetrie. Treffender konnte er, wie

Boss bemerkte, seine Gelöstheit aus der Charakterverpanzerung seiner neurotischen Fehlhaltung, die die essentielle Hypertonie zur Folge hatte, nicht zum Ausdruck bringen.

e) Variationen der Scenotest-Therapie

1. Gezielter Scenotest

Bei intentional Gehemmten, deren Emotionalität nicht zur Entwicklung gekommen oder solchen, deren Gefühlswelt verdrängt oder gesperrt ist, eignet sich eine Version in der Anwendungsweise. Der Scenengestaltung werden affektbetonte Themen zugrunde gelegt. Das Rationale tritt daraufhin in den Scenen mehr in den Hintergrund und die fehlenden oder verschütteten menschlichen Beziehungen werden geweckt.

Als weitere Modifikation können in bestimmten Fällen zur Erfassung der Motive einer bestimmten Handlung oder zur Auseinandersetzung mit spezifischen Problemen Bestandteile des Testmaterials, die das vermutete Problem anrühren, vor Beginn der Untersuchung im Testkasten in den Blickpunkt der Vp resp. des Patienten gelegt werden (s. S. 108).

Im Einzelfall, z. B. bei psychotischen Patienten, die sich nicht mit dem Testmaterial beschäftigen wollen, kann man auch einmal selbst eine kleine Scene aufbauen, die gewissermaßen als «Reizscene» an die vermutete Problematik heranführt oder auch Beruhigung vermittelt.

2. Gruppentherapie

Während in der Einzeltherapie dem Patienten nur bei besonderen Situationen ein Thema zum Bauen vorgeschlagen werden sollte, ist es bei der Gruppentherapie indiziert, nur ab und zu einmal nach freiem Einfall bauen zu lassen und im allgemeinen affektbetonte Themen zugrunde zu legen. Dies fördert das Gefühl der Zusammengehörigkeit und erleichtert, Probleme gemeinsam zu verarbeiten.

Das Bauen, das heißt das Gestalten im dreidimensionalen Raum, ist der konkreteste Ausdruck des Denkens, auch für den anderen weithin sichtbar und erkennbar. Im Bauen kann man sich für den anderen am deutlichsten ausdrücken; die einzelnen Stadien des Bauens kann der eine beim anderen miterleben, während er sich gleichzeitig selbst seinem eigenen Aufbau hingibt.

In solcher Gruppenbehandlung erhalten die Patienten, die im Halbkreis mit dem Therapeuten zusammensitzen, jeder einen Testkasten für sich.

Bei Kindern nimmt man am besten 4—5 in eine Gruppe, möglichst aus der gleichen Entwicklungsstufe, etwa vom 8.—9. Lebensjahr an. In den Jugendlichengruppen sollten möglichst Gleichaltrige zusammengefaßt werden. Zwischen die Schulkinder kann man auch das eine oder andere jüngere Kind mit in die Gruppe hineinnehmen, wenn es nicht durch zu starke Motorik stört.

Um die Kinder ihre Scenen dabei unabhängig voneinander gestalten zu lassen, genügt es, ihnen zu Beginn zu sagen, jeder solle das bauen, was ihm gerade einfällt. Jeder habe seine eigene Art, sich etwas auszudenken, auszumalen oder zu erleben. Und das gerade wollten wir jetzt einmal herausbekommen. Die eigene Wesensart wird auf diese Weise anerkannt, angesprochen und bestätigt und damit eine freiere Atmosphäre, als sie üblicherweise in der Kinderstube oder Schule herrscht, geschaffen. Der Hinweis des Therapeuten, daß die Scenen nach Beendigung des Aufbaus gemeinsam angeschaut werden, bahnt dabei die Übertragung auf den Therapeuten an.

Innerlich unselbständige, selbstunsichere oder phantasiegehemmte Kinder «borgen» sich durch Blick auf die Scenen der anderen einmal eine Idee aus, aber, da sie ja nicht kopieren, geben ihre mehr oder weniger deutlichen Abänderungen genügend persönliche Akzente. Im allgemeinen werden die Patienten durch die Zusammensetzung des Testmaterials affektiv so gefangen genommen, daß sie sich intensiv nur ihrer eigenen Gestaltung hingeben. Das Spiel des einzelnen zeigt dabei immer wiederkehrende typische Züge, so daß die Scenen der einzelnen Gruppenteilnehmer auch bei Gestaltung verschiedener Themen in ähnlicher Weise erkannt werden können, wie die Handschrift, in derem persönlichen Gepräge die Wesensart des Schreibers abgelesen wird.

Als den begleitenden Angehörigen einmal ausnahmsweise nachträglich die aufgebauten Scenen einer Gruppe gezeigt wurden, erkannte eine «Nenntante», die als echte Beziehungsperson mehr Verständnis für das Kind als die eigene Mutter hatte, sofort, welche Scene von ihm aufgebaut war.

Durch die Betonung des Gemeinschaftserlebnisses und die Beziehung der einzelnen Patienten zum Therapeuten nehmen sie auch untereinander leichter Kontakt auf. Erstmals gewagte Aggressionen werden geduldet. Dadurch wird die notwendige angstfreie Atmosphäre geschaffen. Entsteht überkompensierend ein abnorm extravertiertes Verhalten, so wird dieses in der Gruppengemeinschaft mit Hilfe des Therapeuten aufgefangen und in angepaßte Bahnen gelenkt.

Die Vielfalt der individuellen Darstellungen ein und derselben Thematik vermittelt gleichzeitig ein Abbild der Fülle der Welt und der Entfaltungs-, Glücks- und Leistungsmöglichkeiten.

In der Reihenfolge der Themen eignet sich für die erste Stunde besonders der Vorschlag zu bauen «etwas, was zum Fürchten ist». Dabei gehe ich von der Annahme aus, daß hiermit in jedem Falle irgendein Affekt oder Antrieb mobilisiert werden wird, sei es Angst, seien es Aggressionen, die zwischenmenschliche Beziehungen anrühren könnten, da Angst und Aggressionen mit Sicherheit bei gehemmten Kindern verdrängt worden sind.

Dieses Ansprechen latenter, angstbesetzter Vorstellungen vermag «entängstigend» zu wirken, dadurch, daß solch ein Affekt, der bis dahin nur dunkel schemenhaft in der Stimmung und im Lebensgefühl mitschwang, plötzlich Gestalt gewinnt. Wenn man das, «was zum Fürchten ist» selbsttätig formt und ihm real auf den Leib rückt, gewissermaßen mit ihm in einer selbstdachten Scene «umspringt», kann die Welt dadurch entdämonisiert werden.

Als nächstes lasse ich im allgemeinen etwas «Gemütliches» oder «Behagliches» bauen. Gehemmte Kinder, die aus Mangel an Geborgenheit in der häuslichen Atmosphäre niemals das Erlebnis der Behaglichkeit kennengelernt haben, verspüren nicht einmal den *Antrieb* zur Gemütlichkeit, kennen manchmal nicht einmal den Begriff.

Ein weiteres Thema, «etwas zu bauen, was traurig ist», läßt häufig Scenen entstehen, in denen das Gefühl der Trauer — charakteristisch für die gehemmten Kinder — jeweils mit Aggressionen gekoppelt ist. Entweder wird als «traurig» empfunden, daß auf Aggressionen, die gewagt werden, Strafen folgen, oder daß Verbote Erwachsener gesunde Aggressionen gar nicht erst aufkommen lassen.

Bei dem Vorschlag, etwas darzustellen, was «lustig» ist, fällt auf, wie wenig neurotische Kinder etwas wirklich «Humorvolles» oder kindlich «Spaßhaftes» phantasieren.

Weitere Themen, die aufschlußreich sind und Gehemmtheiten abbauen können, sind z. B.: «Erste Kindheitserinnerung», «Ich habe etwas geträumt», «Es ist etwas passiert», «Es wird ein Fest gefeiert», «Ich gehe zur Schule», «Etwas was ungerecht ist», «Einer hat etwas gefunden».

Um die Hemmungen vor Autoritäten aufzulockern, eignet sich der Vorschlag des Themas «Es wird ein Streich gespielt». In der weiteren Wahl der Themen wird man sich bemühen, gleichzeitig eine positive Zuwendung zur Welt, insbesondere zu den Menschen anzubahnen, z. B. durch das Thema «Einer ist nett zum anderen» oder «Zwei sind Freund miteinander».

Neben der Aufzeichnung der einzelnen Scenen lasse ich die Kinder in der Gruppentherapie den Inhalt ihres Aufbaues in die Schreibmaschine diktieren, wodurch sie sich in ihrer Miniaturschöpfung besonders ernst genommen fühlen.

Gegen Ende der Gruppenstunde betrachtet der Therapeut gemeinsam mit den Kindern die Scenen. Jedes Kind erläutert, was es gebaut hat. Die anderen fügen ihre Einfälle hinzu, ziehen Vergleiche und machen auch kritische Bemerkungen. Intuitiv sagen sie dabei nicht selten Treffendes, was den anderen besonders beeindrucken kann.

Als Therapeut greift man die Bemerkungen der Kinder auf, biegt Schärfen ab und spricht selbst, vorsichtig dosiert, «Lücken» an, um gesunden Impulsen zur Entwicklung zu verhelfen.

Als Beispiel des Endverlaufs einer Gruppentherapie von vier- bis zwölfjährigen Kindern seien jetzt einige Scenen aus ihren letzten gemeinsamen Behandlungsstunden angeführt. Anfangs hatten sich die Kinder gegeneinander abgeschlossen, mit der Zeit begannen sie sich heimlich aus den Kästen einzelne Gegenstände wegzunehmen; allmählich bahnten sich dann friedlichere Beziehungen an. Es kam ihnen z. B. der Einfall, zu Beginn der Gruppenstunde verschiedene Einzelteile des Spielmaterials untereinander auszutauschen. Sie beschlossen etwa «Du bekommst heute alle Kühe, ich nehme heute alle Krokodile». Ferner wurden sie erfinderisch in Variationen des Scenenaufbaus. Es war nun keine Überforderung mehr, den Kindern Themen vorzuschlagen, die friedlichen Kontakt anbahnen. Bei dem Thema« zwei sind Freunde miteinander» baute daraufhin ein achtjähriger, anfangs sehr isolierter Junge: Ein Junge ist auf einen Baum geklettert, um Äpfel zu schütteln, die sein Freund zum gemeinsamen Verzehren aufsammelt. Zwei Hündchen beschnuppern einander. Storcheneltern wenden sich fürsorglich ihrem Storchenkinde zu. Zuletzt stellte der kleine Patient zwei Eisenbahnen zueinander und sagte mit echter Anteilnahme: «Damit die auch nicht allein sind» (Abb. 29).

Dieser gleiche Junge schob in der folgenden Gruppenstunde seine Versuchsebene an die eines fünfjährigen Stotterers heran und baute mit diesem zusammen eine Brücke von einer Fläche zur anderen (Abb. 30). Auf dieser lief ein Hündchen herüber als Zeichen gutnachbarlichen Einvernehmens. Auf zwei nebeneinander stehende Häuser, deren Bewohner gemütlich im Garten sitzen sollten, setzten die beiden Jungen je einen Storch, wohl ein Hinweis darauf, daß sie innerlich bereit geworden waren, sich mit Konkurrenten — auch kommenden — auseinanderzusetzen. In der letzten Gruppenstunde schoben die Kinder spontan ihre vier Spielflächen zusammen und bauten in der Diagonale eine erhöhte Autobahn, die diese wie eine Brücke überspannte (Abb. 31). Sie sollte hoch genug sein, damit der Rauch der darunter hinweg fahrenden Eisenbahn die Autofahrer nicht belästigen würde — ein Hinweis auf das Gefühl der Rücksichtnahme, das sich in ihrer Gemeinschaft entwickelt hatte. Reparaturwerkstatt und Tankstelle sollten für die Autos sorgen, ein Wirtshaus für das leibliche Wohl der Autofahrer. Damit das Essen nicht ausgehen konnte, hatten die Jungen, wie sie sagten, noch eine Weide mit Vieh an der anderen Seite der Autobahn angelegt.

Hier kam die gesunde Einstellung zum Leben, die die Patienten im Laufe der Gruppentherapie gewonnen hatten, zum Ausdruck. Dadurch kamen sie dazu, sich nunmehr gemeinschaftlich eine planvoll geordnete Welt aufzubauen. Häufiger als in Gruppen jüngerer Kinder schlagen zwischendurch auch Jugendliche einmal von sich aus Themen vor. Dies unterstützt den kontinuierlichen Fluß in der weiteren Auseinandersetzung mit ihren Konflikten und Problemen.

Zur Illustrierung solcher Gruppenstunden von Jugendlichen schildere ich einige Scenen, die in einer Gruppe von vierzehn- und fünfzehnjährigen Mädchen, sowie einem besonders intelligenten Dreizehnjährigen und einem etwas kindlichen Sechzehnjährigen aufgebaut wurden.

Zur Verarbeitung der Angst, die im Unbewußten neurotischer Patienten vielfach eine Rolle spielt, wurden anfangs Themen vorgeschlagen wie «Etwas zum Fürchten», «Es gibt ein Geräusch», «Der Strom geht aus» und ähnliches. Aus dem größeren Sicherheitsgefühl, das sich hierbei entwickelt hatte, schlugen die Jugendlichen nun das Thema vor «Es wird ein Turm gebaut».

Auf die Bemerkung des Dreizehnjährigen hierzu: «Wer den höchsten Turm baut», bemerkte ich leichthin: «Jeder baut *seinen* Turm.» Hierdurch wurde vermieden, daß mit diesem Thema lediglich Ehrgeizprobleme angesprochen wurden. Die Folge war, daß die Türme sehr verschiedenartig erbaut waren und auf vielfältige seelische Hintergründe hinwiesen.

Die Vierzehnjährige baute, ihrer hysterischen Struktur und intentionalen Gehemmtheit entsprechend, planlos-aktiv, hastig unüberlegt, so daß ihr Turm immer wieder einfiel.

Der Gemeinschaftssinn hatte sich inzwischen so weit in der Gruppe entwickelt, daß der 13jährige besonders konstruktiv begabte Junge, der sofort den Grund erfaßte, ihr sagte: «Je breiter der Unterbau, desto höher kann man bauen.» Er selbst ließ einen hohen, graziös und luftig wirkenden Turm entstehen (Abb. 33), bei dem das künstlerisch Gestaltende seines Wesens zum Ausdruck kam. Typisch für die oralen Hintergründe seiner neurotischen Konzentrationsstörungen und die Überforderung in seinem häuslichen Milieu setzte er zuoberst den Waschbottich, den Melkeimer und einen Becher umgekehrt auf die Turmspitze und stellte darauf schließlich die kleine Milchflasche. Aus umgestülpten Gefäßen läßt sich nichts bekommen, und die Sättigung aus der Milchflasche ist für sein Alter auch nicht mehr erreichbar.

Der sechzehnjährige Stotterer baute einen Kletterturm (Abb. 34), auf den er verschiedene Kinderpuppen setzte und den er mit dem Puppenklosett krönte, auf das ein kleiner Junge geklettert sein sollte. Hier stand also an der Spitze die anale Problematik, u. a. die Frage des Besitzens und Hergebens, die — typisch für seine Symptomatik des Stotterns — bei diesem Patienten eine besondere Rolle spielte. Zugleich deuteten sich, wie auch seine Einfälle ergaben, Wünsche nach Intimität an, die er sich aber bisher nur im Kleinkindalter realisiert vorstellen konnte.

Die an einer Pubertätspsychose erkrankte Fünfzehnjährige, die ich gegen Ende ihrer psychotherapeutischen Einzelbehandlung — auf die ich im Kapitel Psychiatrie ausführlich eingehe — an der Gruppentherapie teilnehmen ließ, erbaute einen in Form und Farbe streng symmetrischen und starr wirkenden hohen Turm. Sie bezeichnete ihn nach langer Überlegung als «Hungerturm». Die Starrheit ihres Turmes beeindruckte die anderen Jugendlichen sehr, besonders im Gegensatz zu dem aufgelockerten, grazilen Turm des Dreizehnjährigen und dem «Kinder-Kletter-Turm» des Sechzehnjährigen.

Von den in der nächsten Stunde erbauten Kirchenschiffen erregte wiederum dasjenige der Fünfzehnjährigen (Abb. 35) bei den anderen Befremden, weil es fassadenhaft wirkte. «Da kann man ja nicht hineingehen» sagten sie, im Gegensatz zu den von ihnen selbst erbauten kirchenähnlichen Gebäuden, die Raumwirkung hatten. Hierbei erwies sich, daß das gemeinsame Bauen Einsichten in die Erlebnisweise anderer vermittelt, die befruchtend für das eigene Weltbild werden können. Die kritischen Bemerkungen zu dem Fassadenhaften ihres Aufbaues brachte der fünfzehnjährigen Patientin die Leere zum Bewußtsein, aus der sie ihren Kirchenbau nur in die Höhe ausgerichtet und dabei die Breite und Tiefe vernachlässigt hatte.

Sie hatte bisher die Kirchen noch nie als bergenden Raum erlebt, während die anderen ihre Bauten an einem echten Leitbild orientierten. In der

Lösung der anderen erlebte sie nun, was ihr bis dahin nicht zum Bewußt-sein gekommen war, daß es auf der Welt das Gefühl des Geborgenseins geben kann.

In der Weise Erwachsener übernahm sie diese Einsicht in die Gestaltung eines der späteren Themen «Der letzte Tag vor der Atombombe», das wie-derum von den Gruppenteilnehmern selbst und zwar diesmal von dem Stotterer vorgeschlagen worden war. Während die anderen Jugendlichen phantasierten, daß sie am letzten Tag im Oralen und im Genuß schwelgen oder die Tatsache des bevorstehenden Lebensendes ignorieren würden, und «so weiterleben wie an jedem anderen Tag», ließ die fünfzehnjährige Pa-tientin den Arzt mit seiner Frau und seinen zwei Kindern den letzten Tag vor dem Lebensende in einer besinnlichen Weise im bergenden Raum in-timen Familienlebens verbringen.

Dadurch, daß in der Gruppe dem Einzelnen die Entstehung des indivi-duellen Weltbildes des Anderen erkennbar wird, läßt er die Aufgabe der Anpassung als ein Mittel der Weltbewältigung deutlich werden.

Die hervorragendste Wirkung des Scenenspiels liegt darin, daß nicht Worte, sondern das Erleben in der selbstgestalteten Welt die ethischen Werte nahe bringt. Dies ist nach KURT BONDY das Wesentlichste, um die Bedeutung dieser Werte für die eigene Befriedung des Lebens inne werden zu lassen.

3. Kombiniertes Scenotest-Verfahren

In Einzelfällen, besonders bei Vorliegen eingefahrener Mechanismen, kom-biniere ich eine am Scenotest ablaufende Behandlung mit autogenem Trai-ning nach J. H. SCHULTZ und Hypnose. In diesen Fällen habe ich das auto-gene Training erstmals bei Kindern in Gruppen erlernen lassen, wobei gleichzeitig die therapeutische Wirkung der Gruppengemeinschaft mit aus-genutzt wird. Einleitend zeige ich den Fall- und Pendelversuch, um den Kindern nahezubringen, wie sie allein über ihre Vorstellung Körperfunk-tionen beeinflussen können, die dem direkten Willen nicht zugänglich sind. Erfahrungsgemäß erleben Kinder, insbesondere vom 10. Lebensjahr an, diese Vorgänge wie ein naturwissenschaftliches Experiment, sachlich und mit großem Interesse.

Schon die Auswirkung der beiden ersten Übungen des autogenen Trai-nings — Schwere und Wärme, die oft bei Kindern genügen und schon vom 11. Lebensjahr an erlernbar sind — können mit anschließender formelhaf-ter Vorsatzbildung, die dem jeweiligen Symptom angepaßt wird, das Angehen der spezifischen neurotischen Symptomatik unterstützen und gleichzeitig eine innere Gelassenheit anbahnen. Die aktive Mitarbeit des Patienten außerhalb der Behandlungsstunde fördert den Behandlungsablauf, und vertieft die Bindung an den Therapeuten ganz besonders bei Kindern, die ihre Entspannungsübungen zu Hause unwillkürlich in Hinsicht auf die Person des behandelnden Arztes machen. Das Erlebnis, Körpergeschehnisse, die sie bisher nur passiv erlebt haben in dem selbst gesetzten konzentrativen Entspannungszustand aktiv zu bewirken, steigert ihr Selbstbewußtsein.

Bei der Hypnose, die ich in Einzelbehandlung und im allgemeinen am Schluß der Scenotest-Analysen-Stunde vornehme, verwende ich bei Kindern eine Kombination der Verbigerations- und Fixationsmethode. Zum Verständnis hierfür weise ich die Kinder darauf hin, daß man beim Hören monotonen Redens (langweilige Schulstunde) oder Fixierens eines bestimmten Punktes (Fahren auf der Autobahn) müde wird. Den Sinn des herbeigeführten schlafähnlichen Zustandes erkläre ich Kindern etwa mit den Worten, daß wir «den Kopf schlafen lassen wollen», der immer denke, «das Reden geht ja doch nicht» (z. B. beim Stotterer), um gewissermaßen «dem Mund direkt Bescheid zu sagen, wie er reden kann, ohne zu stottern» (entsprechend modifiziert je nach der Symptomatik). Auf diese Weise ist eine Hypnose schon bei intelligenten Sechsjährigen durchführbar.

Als posthypnotische Einstellung gebe ich in jeder hypnotischen Behandlung: «Die Sicherheit, Ruhe und Geborgenheit, die du jetzt spürst, nimmst du herüber in den Wachzustand, hast sie in jedem Augenblick und bei jeder Gelegenheit;» wobei ich beim Stotterer fortfahre: «Auch immer dann, wenn du angesprochen wirst oder selber sprichst. Das Reden geht ganz von selbst.»

Bei Enuretikern hat sich die Formel bewährt: «Dein Bauch» (bei kleineren Kindern) oder bei älteren Kindern «Deine Blase ist gesund wie bei jedem anderen Kind. Dett bleibt trocken.»

In dieser Weise paßt man auch die posthypnotische Suggestion dem einzelnen Symptom an.

Ich lasse jetzt einige Behandlungsabläufe folgen, aus denen gleichzeitig hervorgeht, wie diese kombinierte Methode je nach Lage des Falles modifiziert werden kann.

Ein achtjähriger blonder Junge mit feingeschnittenem Profil, wohlerzogen, einziger Sohn eines wohlmeinenden, pedantisch-genauen Beamten und einer kühlen Mutter mit ausgeprägter Ordnungssucht litt seit etwa fünf Jahren an hochgradigem Stottern mit Reduplikation. Als der kleine Patient in der Hypnose aufgefordert wurde, irgendetwas, was ihm einfiele, zu erzählen, redete er gehetzt und getrieben von dem, was er vorhatte — von seinen Arbeiten wie auch von seinen Spielen, als ob sie wie ein Berg vor ihm ständen. «Ich muß dann ganz schnell zu meinen Schularbeiten. Ich rase dann nach Hause und rase dann gleich die Treppe herunter und dann zum Bahnhof, und dann kommt sicher nicht der richtige Zug, und dann werde ich sicher nicht vor dem Abendbrot fertig und hoffentlich gibt es warmes Abendbrot, aber sicher gibt es kaltes, und ich habe Hunger, und nach dem Abendbrot muß ich noch meine Rechenaufgaben machen, und das sind so viele, und die sind heute sehr schwer, und dann muß ich Briefmarken ordnen (er empfand also auch das, was er zu seiner Freude tun wollte, als ein «Tun-müssen»), und dann will ich noch mit den Briefmarken spielen» und in dieser Weise immer weiter. Dabei gab er, als er aus der Hypnose, nach der retrograde Amnesie bestand, aufgeweckt wurde, an, daß er heute gar nicht mehr viel aufhabe und «glatt» vor dem Abendbrot fertig werde.

Dieser Junge wurde, wie sich deutlich zeigte, von den Eltern ständig in bezug auf Schularbeiten, tadelloses Betragen und «Haltung wahren» überfordert. Seinerseits wollte er nun alles, was er sich vornehmen zu müssen glaubte, in größerem Umfang und schneller als möglich erledigen. Die Hypnose wurde hier als Mittel zu allgemeiner Entspannung und Erholung angewandt und dabei ein beruhigender Zuspruch hinzugefügt im Sinne von Gulbranssons Ausspruch «Der liebe Gott hat uns zwar die Zeit gegeben, aber von Eile hat er nichts gesagt». Das autogene Training förderte die innere Gelassenheit. Er überforderte sich nicht mehr so wie bisher, so daß er schon in der nächsten Hypnose wesentlich weniger gehetzt sprach, obwohl er an sich dasselbe aufzählte, was er noch zu erledigen hätte.

Um weiter an den Hintergrund des Stotterns heranzukommen, fragte ich in einer der nächsten Hypnosen, was er selbst als Ursache des Stotterns annähme. Auf seine Antwort «das weiß ich nicht», forderte ich ihn auf, diejenige Person zu nennen, die ihm im Zusammenhang mit dem Stottern jetzt gerade einfalle, worauf er unmittelbar sagte: «Die Schwester Hildegard, die mir das Sprechen beigebracht hat.» Hierauf ließ ich den kleinen Patienten Erinnerungen an die Kinderpflegerin aus seinem 3. und 4. Lebensjahr nacherleben, bei denen er sich stark angstbetont seiner gemeinsamen Mahlzeiten mit der Kinderschwester erinnerte. Er erlebte in der Hypnose noch einmal, wie er als kleines Kind weinend seinen Brei aß, und die Kinderschwester ihm seine Ellenbogen hart auf den Tisch schlug, sobald er den Kopf aufstützte.

Als die gemeinsamen Essensscenen zum zweiten Mal psychokathartisch nacherlebt wurden, stiegen Erinnerungen auf, in denen der kleine Patient abends im Bett aus Wut mit seinem Kopfkissen nach Gegenständen im Zimmer warf und sich ohnmächtig vor Ärger und Trotz umgekehrt in seinem Bett mit dem Kopf ans Fußende schlafen legte. «Mammi war nie da», bemerkte er dabei traurig.

Mit dem Aufleben dieser negativ affektbetonten Scenen der Kleinkindzeit reagierte der Patient nicht nur seine Angst und Wut gegenüber der früheren Kinderpflegerin ab, sondern sicher auch einen Teil seiner Enttäuschung über die fast dauernd anderweitig beschäftigte Mutter und seine trostlose Vereinsamung.

Mit der Ambivalenz, wie sie bekanntlich gegenüber solchen fast ständig abwesenden, aber doch die Atmosphäre bedrückenden Müttern erlebt wird, setzte er sich in den mit dem Scenotest-Material gespielten Scenen, die er jeweils vor oder nach der Hypnose baute, auseinander. Er spielte: Ein Junge kehrte auf baumlosen Weg zu einem kahlen, fensterlosen Haus aus dem Kino zurück, wo in dem Film eine Hexe andere Menschen verhungern ließ und darauf selbst getötet wurde. Ein anderes Mal baute er Kinder auf, die aus der Märchenvorstellung «Hänsel und Gretel» nach Hause zurückkommen sollten; die nächste Stunde: einen Stall mit einer Ziege, die nach Futter meckerte; die darauffolgende Stunde: kleine Schweine, die aus der Umzäunung herauswollten; schließlich: einen Stall mit Mutterschwein und Jungen. Immer wieder zeigte sich hier dieselbe Thematik: ungestillte Vitalansprüche, Wünsche nach mütterlicher Wärme und Geborgenheit.

Mehrfach baute er äußerst exakt und symmetrisch hohe, schlanke Türme mit geringem Unterbau, die erst mit der Zeit stabiler wurden. Sie deuteten den Versuch an, eine solche Welt ohne Wärme durch ein starres Sich-Ausrichten in disziplinierte und extrem betonte Ehrgeiz-Haltung zu bewältigen. Die allmählich hervorkommenden Wünsche, sich mehr vom Leben zu nehmen oder auch passiv mehr bekommen zu wollen, meldeten sich durch die Einführung des Krokodils mit weitgeöffnetem Rachen an. Im Symptom selbst zeigten sie sich phänomenologisch, indem der Junge, wenn er ein Wort nicht herausbrachte, den Mund wie ein kleiner Vogel, der gefüttert werden wollte, weit aufsperrte, offen hielt und dabei versuchte, das Wort hinten im Rachen zu bilden. Diese Wünsche des Gefüttertwerdens und Zuschnappenwollens, die sich im offenen Rachen des Krokodils verkörpern können, wurden anfangs als lebensgefährlich angesehen. Das Krokodil, das auf einen hohen Turm gehoben wurde, schrie, wie der kleine Patient dazu angab, und wollte wieder herunter; es stürzte schließlich zu

Tode, während ein im ersten Stock dieses Turmes sitzendes Mädchen darüber Überlegungen anstellen sollte, daß man tot sein würde, wenn man dort herunterfiele — ein Zeichen für Ambivalenz gegenüber Hingabetendenzen, die aufs schwerste mit Angst besetzt waren.

Ein «Schnellboot» (Abb. 36), das der Patient ein anderes Mal als einziges auf der Spielfläche aufbaute, mit Geschützen vorn und hinten, die er mit Hilfe von Papierrollen darstellte, ließ erkennen, daß er gleichzeitig angreifend und sich sichernd — propulsiv durchs Leben gefahren werden wollte — ein Gegenstück zu der gehetzten Sprechweise in den ersten Hypnosen, in denen er ununterbrochen plante.

Charakteristisch für das Bild, das er sich auf Grund seines eigenen Zuhauses von der Beziehung der Menschen untereinander gemacht hatte, war eine der nächsten von ihm gespielten Scenen (Abb. 37). Auf der einen Straßenseite sollten die Mutter- und Großmutterfigur als zwei «nicht zueinandergehörige Frauen einholen gehen». Auf der anderen Straßenseite «eilten Kinder hintereinander zur Schule». Von diesen Puppenfiguren — Erwachsenen und Kindern — sollte «keine zur anderen gehören». Sie sollten also alle «Einzelgänger» wie der Junge selbst sein, der noch nie in seinem Leben einen Freund gehabt hatte. Auf dem Straßendamm fuhr das Auto «einen Offizier zu schriftlichen Arbeiten zu seinem Vorgesetzten». Gleichzeitig war dies ein Hinweis auf die Anschauung des kleinen Patienten: Kinder und Väter müssen arbeiten gehen, weibliche Wesen gehen einkaufen und bekommen etwas.

Autogenes Training, Hypnose und Psychoanalyse an Hand des Scenotests unterstützten hier wechselseitig den Heilungsablauf. Die unbewußten Lebenshaltungen und Probleme gewannen in der scenischen Darstellung Leben, erlaubten damit Konfrontierung und Distanzierung und konnten auf diese Weise korrigiert und dem Leben angepaßt werden. Die Hypnose ließ gleichzeitig psychokathartisch schwer affektbesetzte Kleinkinderlebnisse, die das Stottern ausgelöst hatten, aufleben, die dann im Wachbewußtsein angesprochen und verarbeitet werden konnten. Das autogene Training wirkte entspannend, beruhigend und übend.

Der Erfolg war nicht nur ein Schwinden der Sprachhemmung, sondern auch eine innere Haltungsänderung des kleinen Patienten. Während der Behandlung gewann er zum ersten Mal in seinem Leben einen Freund, mit dem sich der bisher in sich selbst zurückgezogene, penibel sauber gekleidete Junge Erdhöhlen baute, wo sie sich Schätze von sog. «seltenen Erden» anlegten und «Indianer» spielten — er also Wünsche nach Geborgenheit, Besitz und gesund-aggressiver Haltung entfaltete und damit selbst ein

Gegengewicht zur der nicht wesentlich zu ändernden häuslichen Umwelt herstellte.

In dem Verlauf einer solchen kombinierten psychotherapeutischen Behandlung wurde die elfjährige Tochter eines Delikatessenwarenhändlers, die seit dem 6. Lebensjahr ebenfalls an hochgradigem Stottern mit Reduplikation litt, in der Hypnose veranlaßt, sich mit ihren Konflikten gegenüber der zwei Jahre jüngeren Schwester auseinanderzusetzen. Hier gaben nämlich die Scenotests den Hinweis, daß ambivalente Einstellung zur kleinen Schwester und damit auch zur Mutter, die die Kleinste als Nesthäkchen vorzog, eine wesentliche Rolle spielte. Die Patientin selbst war in den ersten beiden Lebensjahren liebevoll umhegt und auch etwas verwöhnt bei der Großmutter aufgewachsen und erst bei der Geburt der kleinen Schwester nach Hause zurückgeholt worden. Hier wurden die Kinder nun fast den ganzen Tag der wenig liebevollen Hausangestellten oder sich selbst überlassen, da die Eltern durch ihr Geschäft zu sehr in Anspruch genommen waren. Die kleine Schwester mit natürlicher Anpassungsfähigkeit wußte sich trotzdem gut durchzusetzen, während es der Patientin durch die frühere Verwöhnungssituation bei der Großmutter schwerer fiel.

Sie hatte sich daher aus dieser plötzlich schmerzhaft veränderten Wirklichkeit in eine Wunsch-Märchenwelt zurückgezogen, die sich in den Scenotests auslebte. So agierte sie intensiv mit den Scenotestfiguren, mit äußerst lebhaften Affekten in ununterbrochener Rede und Gegenrede, wobei sie dann bezeichnenderweise völlig ohne Stottern sprach. Sie spielte Märchen, in denen böse Menschen, ungerechte Mütter und «Lieblingstöchter» nach anfänglichem Wohlergehen elend umkamen und Arme, Unterdrückte, Bescheidene, in der Ecke stehende schließlich von Prinzen erlöst und zur Königin erhoben wurden.

Die Ambivalenz gegen das Elternhaus, von dem sich das Kind enttäuscht fühlte, besonders gegen die Mutter, zeigte schon der erste Scenotest: Ein Mädchen holte von der Bergeskönigin für die schwerkranke Mutter ein «Pflänzchen gegen den Tod». Besonders gefiel der Patientin hierbei, daß das Kind in dem von ihm selbst erdachten Märchen der Aufforderung der Bergeskönigin, wie die anderen Kinder zum Spielen auf der Bergwiese zu bleiben, widerstand und zu den «lieben, lieben» Eltern zurückkehrte. Bezeichnend für ihren neurotischen Konflikt spielte sie, daß einerseits die Mutterfigur todkrank wäre. Nach tiefenpsychologischer Erfahrung (breite Erfahrung nach Gehlen) deutet dies an, daß das Kind sich unbewußt mit dem Gedanken beschäftigt, von der Mutter, von der sie sich enttäuscht fühlte und gegen die sie unbewußt auch negative Gefühle hegte, befreit zu werden. Andererseits wurde aber die Mutter im Spiel der Patientin von ihrem eigenen Kinde gerettet und am Leben erhalten. Also wurde hier unbewußt versucht, die Beseitigungswünsche gegen die eigene Mutter wiedergutzumachen, dies um so mehr, da neurotische Kinder ja überstark an das Elternhaus fixiert sind.

Solche Gefühlsregungen der kleinen Patientin deuteten sich auch in ihrem unmittelbar darauffolgenden Spiel an: In einem Haus verbrannten die «lieben, lieben» Eltern, während die einzige Tochter, die durch ihre Schönheit berühmte kleine «Seidenschön» sich retten konnte und später von einem Prinzen geheiratet wurde. Hier enthüllen sich nicht nur Beseitigungswünsche gegen die Eltern, sondern auch «Riesenansprüche» und überkompensierendes Geltungsstreben, die sich aus den anamnestischen Daten erklären ließen.

Die gleicherweise negativen Gefühle der Patientin gegen die kleine Schwester, die ihr zu Hause den Rang ablief, manifestierten sich ebenfalls in Märchenspielen. Die wiederholte Auseinandersetzung mit diesen Problemen führte sie allmählich — erst einmal im Spiel — aus ihrer Märchen-Wunschwelt in die Realität.

Dies zeigte sich in einem Scenotest besonders deutlich, in dem sie spielte: Bäckersleute erkennen, daß eigene Arbeit sicherer zum Ziel führt als magische Hilfe eines Heinzelmännchens, das plötzlich verschwunden sein kann.

Gleichzeitig wurde das Mädchen auch über die Hypnose an die Realität herangeführt. Die in der Hypnose an sie gestellte Frage nach dem Grund ihres Stotterns konnte auch diese Patientin nicht beantworten. Auf die gleich angeschlossene Aufforderung, die Person zu nennen, die ihr eben gerade einfalle, äußerte sie prompt «die Mutti», setzte dann aber unvermittelt hin: «Die Mutter ist aber immer sehr nett zu mir, haut auch nur manchmal; ärgert sich nur, wenn wir uns zanken; die Hannchen ist so zanksüchtig, die Hannchen hat so einen großen Mund, sie kann richtig reden und sprechen und wie schnell! Sie kann etwas ganz schnell sprechen und jeden Ausdruck, jeden schlechten Ausdruck kann sie sagen; sie weiß, daß mich das ärgert, wenn sie z. B. «altes Schaf» sagt, dann ärgere ich mich, aber wenn ich das zu ihr sage, dann ärgert sie sich gar nicht, und das ärgert mich; ich ärgere mich überhaupt über sie. Das ärgert mich auch, wenn sie gähnt, ohne den Mund zuzuhalten (die Patientin selbst wagte ja nicht, den Mund aufzutun). Mich ärgert eigentlich alles, was Hannchen tut, alles an ihr ärgert mich.» Im Bewußtsein hing die Patientin dabei sehr an ihrer kleinen Schwester.

Als Vorübung für die Realität ließ ich sie nun im hypnotischen Schlaf Streitigkeiten mit der kleinen Schwester erleben und regte sie an, sich deren Angriffen zu stellen. Dieses geschah naturgemäß bei dem elfjährigen Mädchen erst einmal nur mit drastischen Schimpfworten. Diese «Wortgymnastik» in der Hypnose erinnerte unwillkürlich an die kräftigen Auseinandersetzungen der homerischen Helden vor Beginn ihres Kampfes Auf diese Weise lernte die Patientin aber nun auch, in der Realität die Angriffe der kleinen Schwester zu parieren.

Die allmählich gewonnene Schlagfertigkeit und angriffsichere humorvolle Überlegenheit kam im Scenotest zum Ausdruck: Ein Herr Müller sicherte sich in einer Schankstube den erwünschten Ofenplatz, indem er die dort sitzenden Leute narrte. Er animierte sie nämlich, ihren warmen Platz zu verlassen, um sich im Hofe seinen Hund, dem er auf einem Teller Salat servieren ließ, anzuschauen.

Im Laufe dieser kombinierten Behandlung lernte die Patientin, sich der kleinen Schwester zu erwehren und sich mit der Existenz von Geschwisterkonkurrenten, sowie Unvollkommenheit der Mütter auszusöhnen. Damit schwand gleichzeitig das Stottern.

Bei dem letzten der stotternden Patienten, deren Behandlungsverlauf mit kombinierter Therapie ich schildere, handelte es sich um den siebenjährigen Sohn eines Universitätsprofessors. Er war ein graziler blonder Junge mit fast mädchenhaften Zügen, stark motorisch, geistig besonders geweckt und wendig. Auch bei ihm spielte die Auseinandersetzung mit der kleinen Schwester und damit im Zusammenhang auch mit der Mutter die wesentliche Rolle. Hierbei bot sich mir ganz von selbst eine besondere Technik in der Hypnosebehandlung an, um direkt Unbewußtes im Augenblick des Aufwachens bewußt werden, also gewissermaßen in statu nascendi erleben zu lassen, so daß bis dahin unbewußte Momente der Reflexion zugänglich werden konnten.

Schicksalsmäßig gegeben war hier eine Verstärkung des Konfliktes der naturbedingten Auseinandersetzung mit Geschwistern durch die zarte Konstitution der kleinen Schwester, welche infolge eines schweren Herzfehlers besondere Schonung und Umsorgtheit von seiten der Eltern erforderlich machte. Die gewissenhafte, wohlmeinende, aber relativ strenge und etwas moralisierend eingestellte Mutter war überlastet und leicht nervös. Sie konnte, obgleich sie bemüht war, den kindlichen Ansprüchen des älteren Jungen auch gerecht zu werden, nicht verhindern, daß sie ihn bei seiner weit vorgeschrittenen geistigen Entwicklung überforderte, indem sie zu viel Einsicht und Verständnis für diese durch die Zartheit der kleinen

Schwester hervorgerufene ungleiche Behandlung der beiden Geschwister von ihm erwartete.

Der Junge hatte diese an ihn gestellte Forderung überkompensierend übernommen, indem er sich als Beschützer der kleinen Schwester fühlte und sich ihr dabei besonders liebevoll zuwandte, z. B. «ihr zu Gefallen» trotz seiner besonders ausgeprägten Motorik mit Puppen spielte. Im Sceno-testspiel wagten sich nun im Laufe der tiefenpsychologischen Behandlung die bei dieser häuslichen Konstellation ganz besonders verständlichen negativen Affekte gegen die kleine Schwester heraus.

Die dadurch aufgestauten Aggressionen kündigten sich in einer der ersten Spielscenen an (Abb. 39). Der Patient setzte zwei Kinder auf einen Dachgarten und ließ sie ein Geheimnis miteinander haben, das darin bestehen sollte — wie er erst auf Befragen angab —, daß sie nachher auf die anderen Kinder unten auf der Straße losgehen und sie «verkloppen» wollten. Da der Patient in der Behandlung erlebte, daß sich hier jemand ganz besonders mit ihm beschäftigte, konnte er gleichzeitig im Spiel die z. T. zu Hause zu kurz kommenden Vitalansprüche als befriedigt darstellen, die sich bei ihm als Stotterer, dessen Symptom mit der Mundregion zu tun hat, speziell auf Gefüttertwerden richteten:

Die Hausangestellte brachte den Kindern auf dem Dach Eis und Schokolade — die große Mutterkuh wurde von dem kleinen Jungen gemolken. Bei der in der Behandlung erlebten Zuwendung und Bestätigung konnte er ruhig auch seine natürlichen Wünsche nach Kleinkindgeborgenheit im Gegensatz zu seinem sonstigen für sein Alter fast zu verständigen Verhalten äußern. Daher spielte er: In einer Art Kinderparadies hatten Kinder die schönsten Spielsachen. Leise sagte er dabei vor sich hin: «Die haben es gut, die brauchen noch nicht in die Schule zu gehen», obwohl ihm an sich die Schule als solche nicht die geringsten Schwierigkeiten machte.

Zunehmende Expansivität — betont motorisch-aggressiv — äußerte sich in den nächsten Scenen: Zahme Tiere sollten «zum Spaß wilde Tiere» werden, und Leute sollten in Autos auf Jagd in den Urwald fahren. Domestiziert statisch in Form von Würde mit Tendenz zu Höchstforderungen erschien dann die Expansionstendenz in Gestalt des Funkturms, den er trotz des nur einfachen Baumaterials sehr kunstvoll und äußerst hoch aufbaute.

In der elften Behandlungsstunde wagten sich sehr deutlich aggressive Beseitigungswünsche gegen die kleine Schwester, die «so lieb und zart sei, daß man sie beschützen müsse», heraus. Das Krokodil, das aus dem Wasser kam (Abb. 40), hatte ein kleines Mädchen im Rachen und fraß anschließend dann auch noch die Tiere, die sich aus Angst vor ihm in einer Ecke zusammenscharten — nur die ganz kleinen flinken Tiere sollten entkommen können. Nachdem das Krokodil das kleine Mädchen gefressen hatte, sollte ihr Vater, ein Bauer, nur noch ein Kind — den Jungen, der die Tiere gehütet hatte — besitzen. Daß der Patient mit dem kleinen Mädchen, das vom Krokodil gefressen wurde, seine Schwester meinte, lag nahe, denn er erzählte, das Mädchen habe sich gerade, ehe das Krokodil kam, die Hände im Wasser gewaschen. Gleichzeitig berichtete er, seine Schwester Renate hätte sich neulich am warmen Wasserhahn die Hände gewaschen und dabei eine riesige Überschwemmung angerichtet, die großen Schaden bis in die untere Wohnung stiftete.

In der anschließenden Hypnose erzählte er auf die Aufforderung, noch einmal zu berichten, was er eben gebaut hatte, den Scenotest mit einer ganz aufschlußreichen Variante. Es sollte jetzt das Krokodil, nachdem es das kleine Mädchen gefressen hatte, von der großen Mutterkuh zertrampelt werden. In den Schichten, die in der Hypnose angesprochen wurden, kamen also Ängste vor den plötzlich gewagten, aber als gefährlich und unerlaubt strafbar erlebten Aggressionen und Einverleibungstendenzen herauf. Beim zweiten Erzählen, nach dem Aufwachen aus der Hypnose, wagte er dann aber, das Krokodil erneut sämtliche Tiere, auch die große Kuh — verschlingen zu lassen.

In den nächsten Stunden wurde dem freßgierigen Krokodil wiederum schwer zugesetzt. Schließlich, nach verschiedenen Bestrafungen des Krokodils, das das kleine Mädchen aufgefressen hatte, äußerten sich die Beseitigungswünsche des Patienten friedlicher: Ein kleines Mädchen fuhr mit der Eisenbahn einen Monat nach Köln, während ein Junge auf der Weide neben der Autobahn bei der Mutterkuh verblieb. In einer der nächsten Stunden ergab sich unwillkürlich eine besonders fruchtbare Handhabung der Hypnose. Der Junge hatte gespielt: Ein kleines Mädchen ritt auf einem Hund, der mutwillig die Beete im Garten zertrampelte. Sie «verhaute» den Hund dafür und «petzte» es zu Hause den Eltern, so daß der Hund nun noch einmal von den Eltern verhauen wurde. Gleich anschließend fügte der Patient hinzu, seine Schwester Renate sei eigentlich eine «große Petze», sie erzähle immer gleich alles den Eltern.

Als der Junge im hypnotischen Schlaf auf Aufforderung, die Scene noch einmal erzählte, bemerkte ich leichthin, um seine Reaktion zu beobachten: «Hieß das Puppenmädchen nicht ‚Renate‘?» Darauf wurde der Junge augenblicklich aus tiefer Hypnose wach, ein Zeichen, daß besonders affektbetonte Momente angerührt worden waren, und sagte: «Renate ... Renate ... Renate ... heißt doch meine kleine Schwester.»

Der Erfolg hiervon war, daß er zum ersten Mal in der nächsten Stunde von Anfang bis zum Schluß schwerste Vorwürfe gegen seine kleine Schwester und noch mehr gegen seine Mutter vorbrachte, während er bisher an niemandem ernsthafte Kritik geübt hatte. Angeblich hatte er immer nur Freunde auf der Welt gehabt. Insbesondere hatte er seine Schwester stets als ein «süßes, kleines Ding, das man lieb haben mußte» geschildert. Statt dessen legte er nun los: «Die Renate ist eine große Petze, auf sie bin ich sehr wütend, aber viel mehr Wut habe ich noch auf die Mutter, die ist ungerecht und gibt immer mir die Schuld und bestraft immer nur mich, wenn Renate etwas angestellt hat. Dabei ist sie gar kein solcher ‚Musterknabe', wie die Mutter glaubt. Vor zwei Jahren bin ich sogar an meinem Geburtstag, als Renate etwas angestellt hatte, dafür in die Besenkammer eingesperrt worden — an meinem Geburtstag, denken Sie nur!» Zu Ende dieser Stunde, in der er so seinem Herzen Luft gemacht hatte, bemerkte er plötzlich ganz erstaunt, daß das Reden jetzt viel besser ginge, und er gar nicht mehr so viel stottere.

Es erwies sich also hier für die Heilung förderlich, in der Hypnose besonders affektbetonte Momente zu provozieren und die Identifizierung der eben aufgetretenen Puppenfiguren mit den nächsten Umweltpersonen bewußt erleben, also der Reflexion und damit der Verarbeitung zugänglich werden zu lassen.

In den nächsten Stunden zeigte sich, daß der Patient stets aus tiefer Hypnose aufwachte, sobald die Problematik der kleinen Schwester, wenn auch verhüllt, in den Unterhaltungen über den vorher aufgebauten Scenotest auftauchte, z. B. als er aufgefordert wurde, von der Mutter und den beiden Kindern zu erzählen, für die er eben ein Häuschen mit Garten gebaut hatte, einer Aufforderung, der er schon im Wachbewußtsein ausgewichen war. Darauf baute er dann bezeichnenderweise, als er nach der Hypnose noch einmal mit dem Scenotest-Material spielte, «dasselbe» Haus auf. Diesmal sollte dort aber ein Tierwärter wohnen mit drei Tieren, einer Kuh und zwei kleineren Tieren, die anstatt der Mutter mit den beiden Kindern in den Garten gestellt wurden. Hier wurden also sofort Tiere anstatt der Puppenfiguren in das Scenenspiel eingeführt, als die Frage zu deutlich an die unbewußte Problematik rührte.

Wieder ein Beitrag zu der Beobachtung, daß Kinder dazu neigen, die Tiere statt der Puppenfiguren ins Spiel einzuführen, wenn sie unbewußt ihre Problematik möglichst verhüllen wollen.

Wie sich auch hier wieder zeigte, genügt es für die Behandlung, daß der Patient sich seiner Problematik bewußt wird, auch ohne daß sie ihm gegenüber direkt ausgesprochen wird. Dies kann sich so vollziehen, daß dem Patienten im Augenblick seines Erwachens, der Reflexion zugänglich, Parallelen zwischen den Puppenfiguren, die die Konfliktsituation darstellen und den in der Realität gemeinten Personen auftauchen. Das Stottern besserte sich weiterhin, wie von den Eltern und dem Lehrer beobachtet wurde. Der Patient wurde gleichzeitig jungenhafter. Er ließ seine kleine Schwester mehr für sich spielen und hielt sich selbst zu anderen Jungen, gegen die er sich jetzt trotz seiner körperlichen Schmächtigkeit recht ordentlich zu wehren verstand. Hier verhalf also die Hypnose dazu, unbewußte schwere Aggressionen, die im Scenotest-Spiel in Erscheinung getreten waren, dem Patienten noch einmal in statu nascendi ins Bewußtsein kommen und der Verarbeitung zugänglich werden zu lassen.

Kurz erwähnt sei noch ein dreizehnjähriger Junge, Sohn eines kaufmännischen Angestellten, der seit Jahren zwangshaft am Daumen lutschte. Hier ließ ich den Patienten in Hypnose jeweils zuerst Scenen aus der Kleinkindzeit und dann solche aus dem Schulkindalter erleben und wies ihn dabei auf die Vorzüge hin, die das ältere Kind genießt. Ich ließ ihn z. B. in der Hypnose seinen Geburtstag als Dreijährigen und dann in der gleichen Hypnose den als Elfjährigen erleben. Der Junge sah in der Hypnose auf dem Gabentisch seines dritten Geburtstages einen Bären und einen Baukasten; als er den elften Geburtstag in der Hypnose wieder erlebte, sah er auf dem Geburtstagstisch vor sich ein Schiff und daneben ein Fahrrad. Hand in Hand ging damit am Scenotestspiel die Auseinandersetzung mit seinen Wünschen nach Kleinkindumsorgtheit, die er in der Atmosphäre der Zuwendung und Betätigung von seiten der Therapeutin als befriedigt erleben konnte. Er spielte: Kleinkinder saßen um eine Geburtstagstafel mit Schokolade und Kuchen, ein anderes Mal: eine Mutter suchte mit ihrem kleinen Jungen Ostereier. Diese Wünsche nach stärkerer Geborgenheit waren verständlich, da die häusliche Umwelt es in den letzten Jahren daran fehlen ließ — die Adoptivmutter litt an schweren Depressionszuständen mit hochgradiger Erregung, die sie zeitweise anstaltsbedürftig machten. Trotz dieser schicksalhaften Ungunst der Verhältnisse gelang es durch die oben angedeutete Art der Behandlung, die neurotische Störung in relativ kurzer Zeit zu beseitigen, wobei der Junge gleichzeitig stärker expansiv wurde. Er schloß sich mehr an gleichaltrige Kameraden an und fand in ihrer Gemeinschaft einen gewissen Ausgleich für die zu Hause entbehrte Gemütlichkeit.

Bei einem vierzehnjährigen Mädchen, Tochter eines bekannten süddeutschen Patentanwaltes, das seit drei Jahren an *Nägelknabbern* litt, führte die kombinierte Behandlung mit dem Scenotest in Verbindung von autogenem Training und zielgerichteter Hypnose mit posthypnotischer Suggestion «Es gibt Besseres im Leben zum Anbeißen» und tiefenpsychologischer Behandlung in zwei Monaten zum Schwinden des Symptoms und adaequater Einstellung zum Leben. Man konnte diese Änderung der Wesenshaltung an den in jeder Stunde gespielten Scenotesten ablesen. Das Mädchen verhielt sich zuerst wie ein schnoddriger Backfisch, zu Ende der Behandlung war sie freundlich, zugänglich, bescheiden und verständig und besprach ganz vernünftig mit mir, wie die Schwierigkeiten zwischen ihr und der Mutter zu beheben wären.

Im ersten Scenotest stellte sie eine Liebesscene aus einem Film dar — sie versuchte damals sich bei der Mutter durch eine Art frühreifen Wesens genügend Geltung zu verschaffen. Dann folgten im Verlaufe der weiteren Behandlung: Eine Ballettstunde von Kleinkindern und ein Kleinkindparadies mit Plantschbecken — beide Male zeigten die Kinder eine sehr ausgeprägte Motorik. Als nächstes spielte sie dann: Vornehme Kinder fahren im Auto in den Zoo. Schließlich baute sie dreimal hintereinander Badeanstalten. Die erste sollte nur für Kleinkinder sein, die in der nächsten Stunde erbaute nur für fünfzehn- bis zwanzigjährige Jugendliche, die dritte stellte das Strandbad Wannsee dar, wirklichkeitsgerecht mit Vertretern aller Altersklassen. Als letzte Scene baute sie schließlich: Größere Kinder erwarten im eigenen Garten ihre Eltern, um ihnen ihre selbst gepflegten Beete zu zeigen. Ein Mädchen steht schon an der Tür, um den eben angekommenen Vater zu begrüßen. Hier kam also, nachdem sich die infantilen Wünsche und Vorstellungen und die besondere Neigung zu Motorik ausgelebt hatten, das verständliche Verlangen zum Ausdruck: Die Kinder sollen ihr eigenes Reich haben mit selbständiger Betätigung und genügendem Auslauf — in weitestem Sinne des Wortes — aber die Eltern sollen auch teilnehmen.

In der freieren Atmosphäre der tiefenpsychologischen Behandlung hatten sich die Wünsche nach Kleinkindgeborgenheit am Scenotestspiel ungehemmt entfalten können. Das Mädchen fühlte sich dadurch in seiner Wesensart bestätigt. Die Aggression, die sich bei diesem hypermotorischen Mädchen über die allzu beengende Mutter mit ihren Erziehungsgrundsätzen alter Tradition aufgestaut und im Nägelknabbern gegen sich selbst gewandt hatte, konnte nun in produktivere Wege der Expansion gelenkt werden — sportliche Betätigung und geistige Leistung im gleichaltrigen Kameradenkreis. Dadurch verlor sich das Symptom und die adäquate innere Einstellung zum Leben tat sich auch im äußeren Wesen kund. In der letzten Stunde baute das Mädchen keinen Scenotest mehr, zupfte dafür spontan, ehe die Behandlungsstunde begann, auf meinem Balkon das Unkraut aus — das Nägelknabbern hatte in einer langweiligen Mathematikstunde mit Zupfen an der Haut über den Nägeln begonnen. Das neurotische Symptom war hier ganz direkt in produktive Tätigkeit umgewandelt worden.

Bei diesem «kombinierten Scenotestverfahren» verflechten sich also die Vorzüge und die spezifischen Möglichkeiten der einzelnen Behandlungsarten, verstärken in geeigneten Fällen die Wirkkraft und verkürzen den Behandlungsverlauf.

III. Der Scenotest in der angewandten Psychologie

a) In der Entwicklungspsychologie

Der Scenotest bringt Eigentümlichkeiten bestimmter Lebensalter zur Darstellung und gibt auch Hinweise auf den Entwicklungsstand. Kleinkinder sind in der Regel von dem Material begeistert, bauen spontan darauf los und gebrauchen es im allgemeinen nur als Funktionsspiel, ohne Scenen darzustellen. Dem üblichen Entwicklungsgang entsprechend bauen sie mit den Scenotestbausteinen zuerst ein-, später mehrdimensional. Sie zeigen die Tendenz, gleichartige Gegenstände einander zuzuordnen, sich damit gewissermaßen Übersicht über die Welt zu verschaffen. Ansätze zur Darstellung von kausalen Beziehungen werden erst einmal nur zwischen zwei oder drei Einzelteilen hergestellt.

Während sich größere Mädchen, 8- bis 12jährige, im allgemeinen mehr den Puppen und ihrem Zubehör zuwenden, interessieren sich die Jungen vor allem für die Autos und stellen gern Technisches, Garagen, Autoreparaturwerkstätten und Tankstellen dar. Kinder mit Entwicklungsrückständen verhalten sich entsprechend kleinkindhafter.

Diese Erfahrungen, von denen hier nur einige angeführt wurden, habe ich überblicksweise bei meinen fast täglichen Beobachtungen von Scenotests im Laufe der letzten fünfundzwanzig Jahre gewonnen. Sie stimmen im wesentlichen überein mit den «entwicklungsspezifischen Verhaltensweisen», die ELFRIEDE HOEHN aufgrund ihrer experimentellen Untersuchungen an hundert gesunden Kindern ausführt. Sie weist darauf hin, daß der Scenotest auf diese Weise die BÜHLER-HETZER'schen Entwicklungstests in lebensnaher und kindgemäßer Versuchssituation ergänzt.

b) In der Berufsberatung

Erfahrungsgemäß wird auch bei Einstellungsuntersuchungen der Scenotest in der Berufsberatung zusätzlich zu den speziellen, auf bestimmte
Berufszweige ausgerichteten technischen Prüfmethoden angewandt, um
Einblicke in die Charakterstruktur und die Wesensart der Versuchsperson
unter Berücksichtigung tiefenpsychologischer Faktoren zu gewinnen. Unbewußte Identifikation, Gefügigkeit und mangelnde Entscheidungskraft,
oder auch Protesthaltung gegenüber dem eigenen Vater als tiefere Beweg-
gründe für die Berufswahl, ebenso Wunsch nach Eigenverantwortlichkeit
und Selbständigkeit oder unbewußtes Verlangen nach Arbeit in vorge-
stecktem Rahmen mit Absicherung gegenüber Risiko und Verluste zeichnen
sich im Scenotest ab. Mangelnde Prüfung und illusionäre Verkennung der
Realität können als Grund von Mißerfolgen in der eingeschlagenen Berufs-
bahn zum Vorschein kommen. Verhaltensweisen, die die Zusammenarbeit
in einem Betriebe erschweren, wie latente Aggressionen, Konkurrenzneid,
überkompensierter Ehrgeiz auf Insuffizienzgefühlen beruhend, lassen sich
ebenso erkennen wie positive Qualitäten hinsichtlich der Einfügung in eine
Arbeitsgemeinschaft, etwa echte Kameradschaft und sachliche Arbeitsein-
stellung. Qualifikation für eine leitende Stellung oder Tendenzen, sich
unterzuordnen und sich anleiten zu lassen, Akuratesse bis zur zwangsneurotischen Pedanterie, wie auch Übersichtsvermögen, gepaart mit Großzü-
gigkeit, zeigen die Eignung für den einen oder anderen Arbeitsplatz.

Bei Sinnesbehinderten, Schwerhörigen, Taubstummen und Sehgestörten
vermittelt der Scenotest Einblicke in ihre Erlebniswelt, da er an Sprache,
Gehör und völlig intakte Sehfähigkeit nicht unbedingt gebunden ist.

c) Bei allgemeinen Lebensproblemen

Kindern erleichtert der Scenotest die Eingewöhnung in eine fremde Umgebung oder neue Situation. Deshalb läßt man mitunter in Kinderkliniken
die kleinen Patienten in den ersten Tagen nach der Aufnahme mit dem
Scenotest bauen. Über das Scenespiel findet der Arzt Zugang zu dem, was
das Kind bewegt, und das Kind selbst fühlt sich dadurch angenommen.

Den Erwachsenen bringt die Plastizität und überraschende Lebendigkeit
einer selbsterbauten Scene manchesmal das Verständnis für die unbewußte
Problematik einer bestimmten Lebenssituation oder Lebenshaltung über-
zeugender nahe als lediglich eine Aussprache über bestimmte Probleme.

Als ein 35jähriger Akademiker, der einen Vortrag über den Scenotest gehört hatte, mehr oder weniger beiläufig begonnen hatte, etwas mit dem Testmaterial aufzubauen, bemerkte er mit großem Erstaunen mitten im Aufbau der Spielscene (Abb. 32) plötzlich: «Das ist ja meine verbombte Wohnung, meine rote Couch, und dies ist der Blick aus meinem Fenster in den Garten, wo mein Junge in Gegenwart unserer Hausangestellten oft spielte!» Sich selbst setzte er in Gestalt der einen Vaterfigur in den Sessel vor seinem Schreibtisch mit der Angabe, er säße dort und rauchte. Wie zum eigenen Amüsement und gleichzeitig, als ob er die Ernsthaftigkeit der unbewußten Offenbarung ad absurdum führen wollte, baute er sich gegenüber dann noch einen besonders großen Sessel aus Bausteinen und setzte die Kuh — Symbol der großen Muttergestalt — hinein, so daß sie sich dadurch besonders imposant ausnahm. Als er darauf beiläufig gefragt wurde: «Haben Sie zu Hause eine Schwiegermutter?» stutzte er und mußte dann lächeln. Daß jedenfalls eine problematische Einstellung zum weiblichen Geschlecht vorlag, deutete sich auch dadurch an, daß er die Arztfigur auf die Couch legte und damit seine eigene Frau darstellen wollte. Als Grund hierfür gab er an, daß ihm keine der vorhandenen weiblichen Puppenfiguren gefiele.

So wie hier wird in jedem Falle auch bei seelisch unauffälligen Versuchspersonen jeden Alters der Scenotest zum Abbild der mitmenschlichen Beziehungen und der eigenen Befindlichkeit in der Welt.

Eindrücke, die schon von der Kindheit her stammen, aber nicht bewußt registriert wurden, können sich im Erwachsenenleben im Umgang mit dem Scenotest darstellen. Ein sechsundzwanzigjähriger Jurist, der irgendeine der Figuren in eine typische Haltung bringen wollte, stellte die Puppenmutter sehr lebendig mit etwas vorgebeugtem Oberkörper und schräg nach vorn geneigtem Kopf, den rechten Fuß vorgesetzt, hin. Er bog ihren erhobenen rechten Arm leicht gewinkelt nach hinten, so als wäre sie im Begriff, eine kräftige Ohrfeige auszuteilen und freute sich über die Lebendigkeit dieser Ausdrucksbewegung. Eine besondere Neigung der Mutter zu gewisser Herrschsucht war dem seelisch gesund veranlagten jungen Mann, dessen übrige häusliche Umwelt einen Ausgleich bot, zwar nie bewußt geworden. Es ließ sich aber nachweisen, und zwar durch unmittelbares Kennenlernen und Beobachten der Mutter, daß sie tatsächlich Neigung zu Willkür und despotischem Verhalten hatte; das war dem jungen Mann entgangen, jedenfalls im reflektierenden Denken. Die der Puppenfigur gegebene Stellung verriet aber, daß sein Instinkt die wirkliche Art der Mutter sehr wohl erfaßt hatte.

103

Bemerkenswert ist, daß er sowie sein einziger Bruder bei der Wahl ihrer Lebensgefährtin sich unbewußt Frauen aussuchten, die ähnlich der Mutter, Neigung hatten, die Familie zu beherrschen.

Bei Eheproblemen vermag der Scenotest im Rahmen der Beratung Einsichten in deren Hintergründe zu geben. Ein Vergleich der getrennt vorgenommenen Scenoteste des Mannes und der Frau zeigt auf, wie die Verschiedenartigkeit unbewußter Wünsche und Vorstellungen dem Leben gegenüber zu einer Unbefriedigtheit im Zusammenleben führen können.

Als ein Beispiel sei hier erwähnt, daß in der Ehe eines etwa fünfundfünfzigjährigen Industriellen und seiner um vierzehn Jahre jüngeren Frau erstmalig gegenseitige Unzufriedenheit auftrat, als äußere Umstände infolge einer von außen her notwendig gewordenen Umsiedlung den Lebensstandard wesentlich beeinträchtigten. Wie sein Test ergab, hatte der Ehemann gar nicht das Bedürfnis nach dem bisherigen luxuriösen Lebensstil, der sich ohne besondere Schwierigkeiten bis dahin für seine Frau und seine Tochter ergeben hatte. Er baute im Scenotest eine bescheidene Wohnung mit einem Gärtchen, in dem der Vater sich zusammen mit seiner erwachsenen Tochter befand, während die Mutter in einer sehr engen Küche die Mahlzeiten für die Familie richten sollte. Seine Ehefrau dagegen baute in ihrem Scenotest ein mondänes Berghotel, wo die Großmutterfigur und die Mutterfigur als Mutter und Tochter auf der Terrasse dinierten, während in der Ferne durch flachgelegte blaue Steine das Meer mit einem Schiff angedeutet war, auf dem eine männliche Figur den Schiffsarzt repräsentieren sollte. Sie selbst war als einzige, sehr verwöhnte Tochter bei einer recht wohlhabenden Mutter aufgewachsen und hatte diesen Lebensstil bisher auch in der Ehe weiter beibehalten können. Der Test zeigte, daß sie im Stile ihrer Mädchenjahre weiterzuleben wünschte, ohne Pflichten für Mann und Kind, weiterhin, daß sie sich den Mann phantasierte als einen Partner, der an sich repräsentiert und eine bestimmte Rolle im gesellschaftlichen Leben spielt, der aber gleichzeitig keine Ansprüche in bezug auf häusliche und eheliche Pflichten stellt. Auf der Subjektstufe gelesen, identifizierte sie sich gleichzeitig mit jemand, der ein relativ ungebundenes Leben in der weiten Welt führen kann. Die beiden Scenen verkörpern so unterschiedliche Auffassungen des Lebens, daß es verständlich war, daß nach der äußeren Umstellung das Zusammenleben unbefriedigend wurde. Vorsichtige Hinweise auf die innere Divergenz, die ihnen erst jetzt bewußt werden konnte, vermochten die notwendige Einstellung auf den Partner in den neuen Lebensumständen anzubahnen.

IV. Der Scenotest in der forensischen Medizin

a) Bei Begutachtungen im Kindesalter

Da sich bei Kindern und Jugendlichen in der direkten Befragung mitunter besondere Schwierigkeiten bieten, kann der Scenotest in der ihm eigenen Weise besonders in der Jugendgerichtsbarkeit zu tieferer Erkenntnis psychischer Zusammenhänge von Handlungen und Verhaltensweisen hinführen.

In einem Gutachten für das Vormundschaftsgericht sollte zur Frage einer evtl. Abänderung der Verkehrsregelung Stellung genommen werden. Bei einem zweieinhalbjährigen Mädchen, aus geschiedener Ehe, das bei einer Pflegemutter aufwuchs und einmal monatlich von der leiblichen Mutter besucht wurde, war seit kurzer Zeit nach dem Wiedersehen jactatio capitis — nächtliches Hin- und Herwerfen des Kopfes — aufgetreten. Hier war das Scenotestmaterial besonders geeignet, da ein zweieinhalbjähriges Kind sich ja noch nicht aussprechen kann. Als es an das Spielmaterial herangebracht wurde, ergriff es sofort zwei Mutterfiguren und beschäftigte sich ausschließlich damit, sie einmal zusammenzulegen, ein anderes Mal, sie zu trennen, wobei sie fragend und etwas ratlos immer wiederholte: «Zwei Mammies, zwei Mammies.» Daraus ging deutlich hervor, wie stark beunruhigend der Zwiepalt zwischen Pflegemutter und der leiblichen Mutter auf das Kind wirkte, da es jetzt in ein Alter kam, in dem Kinder anfangen, Personen ihrer Umgebung zu benennen und in ihre Beziehung zu sich selbst einzuordnen.

Als daraufhin für eine zeitlang die Zusammenkünfte mit der sehr einsichtigen leiblichen Mutter eingestellt wurden, behob sich binnen kurzem die sonst oft monatelang bestehende jactatio capitis. Der Schluß liegt nahe, daß diese Symptomatik Ausdruck des inneren Hin- und Hergerissenwerdens zwischen den beiden «Mammies» war. Ein dynamischer Innenzustand fand auch hier dramatisch nach außen hin seine Darstellung.

In einem andern Begutachtungsfalle handelte es sich ebenfalls um die Frage des regelmäßigen Zusammentreffens zwischen der leiblichen Mutter und ihrem Kind. Hier war der Konflikt des zwölfjährigen Jungen und seine innere Einstellung dazu auch nur mit Hilfe des Scenotests aufzudecken.

Nach Angaben des Vaters und der Stiefmutter sollte der Junge auf die monatlichen Zusammenkünfte mit seiner Mutter mit Nervosität, Fahrigkeit und «choreatischen Zuckungen» reagieren.

Im ersten Scenotest baute der gehemmt wirkende Junge auffallend langsam und möglichst in der Farbe symmetrisch, ein blockähnliches Haus mit flachem Dach, ohne Türen und Fenster. Auf die Frage, ob das Haus keine Fenster hätte, änderte er es gefügig sofort um und baute kleine Fenster ein. Erst nach vierzig Minuten und nach besonderem Hinweis auf die vorhandenen Puppen nahm er die beiden Mutterfiguren, die Vater- und die Großmutterfigur, sowie einen Schuljungen, einen Kleinkindjungen und ein Baby und legte sie, Erwachsene und Kinder durch das Haus getrennt, ohne sie agieren zu lassen, nebeneinander.

Auf die Anregung, etwas zu seiner Scene zu erzählen, bezeichnete er die eine Mutterfigur als «Mutter», die andere als «Hausangestellte». Von der Hausangestellten sagte er, diese hätten die Kinder nicht so gern wie die Mutter, weil sie ja «fremder» sei.

Was ließ sich nun aus dieser Scene entnehmen? Der Junge fand schwer Kontakt mit Menschen, fühlte sich isoliert, wagte nicht, in Beziehung zu andern Menschen zu treten — nur auf besonderen Hinweis erst nach langer Beschäftigung lediglich mit den neutralen Bausteinen nahm er die Puppenfiguren zur Hand. Er glaubte, sich hinter Mauern zurückziehen zu müssen, er baute sein Haus ohne Fenster, also ohne Möglichkeit, nach außen Verbindung aufzunehmen.

Die Welt der Erwachsenen empfand er als eine von der Welt des Kindes völlig getrennte — die Distanz zwischen diesen schwer überwindbar. Er ließ das Haus wie einen Block zwischen den Kindern und Erwachsenen stehen.

Die beiden Figuren, die Mütter darstellen können, nahm er beide, spielte aber auffallenderweise die eine als «Hausangestellte», die den Kindern gegegenüber die «Fremdere» sein sollte. Hieraus konnte man mit Sicherheit erkennen, daß die verschiedenartigen Beziehungen zu den beiden Müttern ein Hauptproblem seines jungen Lebens war. Welche von beiden Müttern er als die «fremdere», d. h. die ihm weniger nahestehende empfand, war aus diesem ersten Scenotest noch nicht zu entnehmen.

Einen Aufschluß ergab die einige Tage später erfolgte zweite Spieluntersuchung, bei der er anscheinend durch den Kontakt, den er über den ersten Scenotest gewonnen hatte, gelockerter war. In dem von ihm gebauten Haus, daß dieses Mal von Anfang an Fenster und Türen hatte, sollte eine der beiden Puppenmütter und der Kleinkindjunge wohnen. Er spielte nun ihren gemeinsamen Tageslauf mit allen Einzelheiten, wobei die Mutter sich liebevoll um den Kleinen kümmerte, ihn aber in seiner Bewegungsfreiheit nicht beschränkte und ihn sich frei entfalten ließ. Auch an seinem Kinderspiel nahm sie teil und setzte sich zu ihm auf das Hündchen (Abb. 38), auf dem er ritt. Die zweite Puppenmutter ließ er mit dem großen Jungen, der seinem jetzigen Alter entsprach, um die Ecke des Hauses kommen und in gouvernantenhaftem Ton sagen: «Das ist aber Tierquälerei.» Die einzige Äußerung, die sie tat, war also eine Kritik an dem Spiel des Kindes und am Verhalten seiner Mutter; von dem neben ihr gehenden größeren Jungen nahm sie gar keine Notiz.

Dieser Scenotest ließ nun aus dem Alter der ihnen zugeordneten Kinder unschwer entnehmen, welche Mutterfigur seine leibliche, und welche seine Stiefmutter darstellen sollte. Man ersah aus seinem Spiel, daß er die Stiefmutter als eine moralisierende, wirklich kindlichem Gefühlsleben verständnislos gegenüberstehende, kühl distinguierte Frau empfand, dagegen die eigene Mutter als liebevolle Betreuerin seiner Kleinkindjahre, zu der er seine echten Gefühlsbeziehungen lediglich verdrängt hatte. Aus der Gefügigkeitshaltung, die im ersten Scenotest deutlich geworden war, hatte er vermutlich die Ablehnung des Vaters und der Stiefmutter gegenüber seiner leiblichen Mutter übernommen. Zum Schluß der zweiten Untersuchung wagte er nun sogar, seiner leiblichen Mutter einen Gruß bestellen zu lassen.

Die chorea-ähnlichen Zuckungen der Stirnmuskulatur, die hauptsächlich auftraten, wenn der Junge sich mit seinen Beziehungen zur Mutter auseinandersetzen sollte, erschienen seelisch bedingt durch die innere Unruhe und das Hin- und Hergerissenwerden in seiner gefühlsmäßigen Stellungnahme (s. vorigen Fall). Ganz speziell waren diese nervösen Zuckungen der Stirnmuskulatur wohl auch noch anzusehen als motorische Entladung verdrängter Aggressionen und Expansionswünsche. Es ist ausdrücklich hinzuzufügen, daß ein Anhalt für eine organische Bedingtheit dieses Tics ebensowenig vorlag wie für choreatische Zuckungen im Sinne einer Chorea minor.

Mit dem aus dem Scenotestspiel des Jungen gewonnenen Eindruck von der wirklichen Gefühlshaltung der Mutter und Stiefmutter stimmte die Reaktion der beiden Frauen beim nachträglichen Befragen, ob sie sich nötigenfalls im Interesse der Gesundheit des Kindes längere Zeit von ihm trennen würden, überein. Die Stiefmutter war sofort bereit, verlangte aber, daß der Staat die Kosten einer evtl. Heimunterbringung trüge. Sofern das Kind zur Mutter gegeben würde, wollte sie für sich und ihren Mann überhaupt kein Wiedersehen mehr mit dem Jungen. Die leibliche Mutter antwortete dagegen mit wirklichem Affekt weinend: «Ich habe doch schon so lange auf das Kind verzichten müssen, und in zwei Jahren kann einem ein Kind so ganz entfremdet werden.»

Da der Scenotest überdies die unbewußte Gefühlshaltung des Jungen, die allein durch das Befragen nicht zum Vorschein gekommen wäre, aufdeckte, erleichterte er den Vorschlag, im Interesse des Jungen nicht nur die weitere Beziehung zwischen der leiblichen Mutter und dem Kind fortzusetzen und zu pflegen, sondern darüber hinaus das Kind bei seiner wirklichen Mutter anstatt bei seiner Stiefmutter aufwachsen zu lassen. Das Gericht entschied in diesem Sinne.

b) Bei Untersuchungen krimineller Erwachsener

Wie sich gezeigt hat, ist diese Methode auch in der Gerichtsmedizin bei Personen, die wegen Kapitalverbrechen unter Anklage stehen, anwendbar. Sie unterstützt die Exploration durch Kontaktanbahnung und affektive Auflockerung. Sprachlich ungewandten, primitiven, infantilen und debilen Menschen kann das Testmaterial durch seine gegenständliche Ausdrucksform eine wesentliche Hilfe für ihre Äußerungen bieten.

So hatte ein etwa vierzigjähriger Mann, der wegen Kindesentführung mit tödlichem Ausgang angeklagt war, während mehrstündiger wochenlanger Vernehmungen über die Motive seiner Handlungsweise dem Anschein nach aus Sturheit und Hartnäckigkeit geschwiegen. Er hatte mehrfach Kinderwagen mit Babies gestohlen, sie stundenlang in den Straßen spazieren gefahren und dann abgestellt, ohne sich nachher weiter um die Babies zu kümmern, wobei zwei der Kinder zu spät gefunden wurden und verhungert waren. Während der Scenotest-Untersuchung saß er eine Stunde lang mit unbeteiligtem Gesichtsausdruck fast regungslos da und war nicht zu bewegen, einzelne Teile des Materials in die Hand zu nehmen und näher zu betrachten, geschweige denn eine Scene aufzubauen, wozu man ihn aufgefordert hatte. Von psychiatrischer Seite war eine mittelschwere Debilität festgestellt worden.

Nach den verschiedensten Versuchen, ihm das Testmaterial näherzubringen und seine Passivität zu durchbrechen, gelang dies schließlich durch Ansprechen solcher Gefühle, von denen man annehmen konnte, daß sie ihn besonders bewegten. Auf Grund der anamnestischen Daten und des Eindrucks von der Gesamtpersönlichkeit war zu vermuten, daß er unbeabsichtigt aus mangelnder Intelligenz, Einsicht und Fantasie die von ihm abgestellten Babies hatte umkommen lassen und selbst darüber traurig erstaunt war.

Es wurden deshalb eine Anzahl von Babies, die in diesem Fall absichtlich statt des einen einzelnen Babies dem Scenotest-Material hinzugefügt waren, zwischen ungeordnet aus dem Materialkasten auf die Versuchsfläche herübergeschobene Bausteine gelegt. Das Fell, das Weichheits- und Zärtlichkeitstendenzen zum Vorschein kommen läßt und die Engelfigur wurden dazugetan. Um intensivere Zuwendung zum Testmaterial hervorzurufen, fragten wir die Vp schließlich, ob der Engel vielleicht irgendetwas behüten solle, da es nicht ausgeschlossen war, daß der Angeklagte als ein sehr kindlich gebliebener Mensch unbewußt mit dieser Figur die Vorstellung eines Schutzengels für kleine Kinder verband. Daraufhin sagte er in resigniertem Ton: «Was passiert, passiert eben doch.»

Da wir diese Bemerkung darauf bezogen, daß er unbewußt Trauer empfand, daß die von ihm abgestellten Babies, ohne daß er dies beabsichtigt hatte, gestorben waren, sprachen wir ihn darauf an, daß die Dinge in der Welt nun leider einmal ihren Lauf nehmen und nicht rückgängig gemacht werden können. Sichtlich bewegt stimmte er dem zu.

Durch diese Auflockerung kam es dann nach insgesamt etwa 1½ Stunden zur weiteren Gestaltung der Scene. Zu der Figur des kleinen Jungen, mit der sich der Angeklagte in seiner zu vermutenden kleinkindhaften Innenbefindlichkeit der Welt gegenüber am ehesten hätte identifizieren können, und zu der Großvaterfigur, die beide ebenso wie der Storch in sein Blickfeld gestellt worden waren, stellte er die Mädchenfigur hinzu. Diese sollte, wie er auf Befragen angab, eine «Kameradin» für den Jungen sein, dem er dann zum Spielen noch eine Eisenbahn beigab, damit er damit spazieren fahren könnte. Schließlich stellte er noch — wiederum nach langem Schweigen — eine Mutterfigur hin und gesellte ihr den kleinen Hund zu. Plötzlich drehte er dann den Storch, der bis dahin abgewandt von der männlichen Puppenfigur gestanden hatte, direkt zu dieser hin. Dies rührte ein Problem an, das dem Angeklagten seit Jahren besonders nahegegangen sein sollte. Er selbst war wegen Debilität sterilisiert, seine Frau wegen Epilepsie. Er hatte sich von jeher Kinder gewünscht und seine Frau immer wieder vergeblich gebeten, ein Kind gemeinsam anzunehmen. Mit der Wendung des Storches zu der männlichen Figur tauchte hier symbolisch der Wunsch nach dem Kind wieder auf.

Bei den spärlichen, in langen Zeitabständen erfolgten Betätigungen mit dem Testmaterial ging jeweils der intendierten Bewegung ein sehr deutlicher Tremor der rechten Hand voraus. Dies ist nicht selten zu beobachten, wenn unbewußt Wünsche gehegt werden, deren Realisierung in irgendeiner Weise verhindert wird.

Auf die Frage, zu wem das Hündchen gehören sollte, das er neben die Frau gestellt hatte, meinte er: «Das haben doch immer die Frauen; die gehen damit spazieren.» Danach befragt, was dem Mann zugehörig sein solle, da sowohl der Frau als auch dem kleinen Jungen etwas zugeordnet war, erklärte er tonlos und mit resigniertem Gesichtsausdruck nach längerem Schweigen: «Na, die» — er meinte die Männer — «die haben doch die Arbeit und kommen erst abends nach Hause; manchmal haben sie auch keine Arbeit, aber der sollte Arbeit haben.» Das Leben des Mannes erschien ihm also unbefriedigend und fragwürdig in seinem Erfülltsein gegenüber dem Leben der Kinder und der Frau.

Daraus ergeben sich Hinweise, daß der Angeklagte u. a. zur Entführung der Babies aus unbewußter Identifikation mit der weiblichen Rolle im Leben gekommen sein mochte. Ferner, daß er eigentlich wie ein Kleinkind nur spielen — nur umherfahren — wollte, und zwar deshalb, weil die Rolle des Mannes für ihn keine wahre Lebenserfüllung bot.

Der Tod der von ihm entführten Kinder war in keiner Weise von ihm beabsichtigt. Sein Motiv war emotional bedingt, wie seine Scenen ergaben.

Gleichfalls von starker Affektivität erfüllt waren zwei Scenen, die ein 21jähriger, auch minderbegabter junger Mann während der Untersuchungshaft baute, der angeklagt war, im Abstand von einigen Wochen ein 4jähriges und ein 6jähriges Mädchen sexuell mißbraucht und anschließend brutal umgebracht zu haben.

In den an verschiedenen Tagen von ihm gebauten Scenen spielte er stets Märchen, wobei er auffallenderweise zuerst im Sinne einer Fehlhandlung angab, daß er eine Geschichte baue und sich dann verbesserte: «Nein, doch ein Märchen.» Dies konnte möglicherweise darauf hindeuten, daß er, als ein sehr kindlich gebliebener und unter der Norm begabter junger Mann unbewußt nicht genügend zwischen realer und Märchenwelt differenzierte. Er spielte drei Märchen — Rotkäppchen, Hänsel und Gretel und Schneewittchen —, in denen er stark gefühlsbetont die fast zum Tode führende Gefährdung der Kinder darstellte. Aufs tiefste bewegt von der schicksalhaften Gefährdung der Kinder ließ er interessanterweise das Rotkäppchen als einziges nicht vom Wolf gefressen werden, spielte bei Hänsel und Gretel die Scene, in der der Schutzengel die Kinder im finsteren Walde bewahrt und Schneewittchen, wie sie von den Zwergen gerettet wird.

Obwohl Indizienbeweise gegen ihn zu sprechen schienen, ließ sein Scenenspiel auf soviel echtes mitmenschliches Gefühl schließen, gerade Kindern gegenüber, daß es von tiefenpsychologischer Seite aus als äußerst unwahrscheinlich anzunehmen war, daß er sich in lustmörderischer Weise an kleinen Mädchen vergangen hatte. Monate später hat sich der wahre Täter selbst gestellt.

Der Scenotest eines jungen Mannes Mitte zwanzig, der kaltblütig seine sechzehnjährige Braut erschossen hat, ließ dagegen, da er jeglicher Emotionalität entbehrte, wohl möglich erscheinen, daß er einer solchen Tat fähig war. Für seine schizoide Struktur war in seiner Darstellung typisch, daß er die menschliche Wesen verkörpernden Puppenfiguren wie wesenlose Schemen behandelte, die er wie Statisten hin- und herschob.

Selbstverständlich wird man sich gerade auch in der forensischen Medizin stets bewußt sein, daß die Scenotest-Untersuchungen keine Beweise sind, sie geben aber Hinweise auf die tiefenpsychologischen Zusammenhänge der unbewußten Verhaltensweisen, die mit der Tat in ursächlichem Zusammenhang stehen können.

Durch die Einbeschließung tiefenpsychologischer Faktoren, die der Scenotest bei der Erfassung der Charakterstruktur vermittelt, kann er auch in der Gerichtsmedizin Beiträge zur Beurteilung der Persönlichkeit geben.

V. Der Scenotest in der Forschung

a) Als Beitrag zur Verifikation psychoanalytischer Grunddispositionen

Durch seine Eigenart, die affektiven Bezüge einer Versuchsperson zu Menschen und Dingen in der Welt sichtbar zu machen, vermag der Scenotest theoretische Grundlagen im Einzelfall zu konkretisieren und damit der Forschung zu dienen.

So führt er z. B. typische Fehlhandlungen im Sinne FREUDS — und zwar, seiner Eigenart entsprechend, besonders hinsichtlich der zwischenmenschlichen Beziehungen — vor Augen. Nicht selten z. B. wird in solchen Fällen eine Figur aus dem engsten Familienkreis «vergessen» der Scene hinzuzufügen, auch wenn bewußt die Absicht bestand, alle Familienmitglieder in bestimmten häuslichen Situationen auftreten zu lassen. Daß in solchen Fällen den Patienten erst auf beiläufige Bemerkungen des Therapeuten das Fehlen einer solchen Figur, die er eigentlich dazu tun wollte, zum Bewußtsein kommt, ist ein Zeichen, wie hier tatsächlich Unbewußtes zur Darstellung gelangt, wie dies ja bei einer «Fehlhandlung» der Fall ist.

Jede kindliche Entwicklung enthält in sich die Problematik, sich mit Vater und Mutter altersentsprechend auseinander zu setzen. Bei neurotischen Kindern kann dies oft zu schweren unbewußten Konflikten führen, die das Scenotestspiel zu verifizieren vermag.

Die Auseinandersetzung z. B. des Sohnes mit seinem Vater, die sich in der Phase der Verselbständigung in relativ friedlicher Weise durch «Vergessen der Vaterfigur» abspielt, kann auch in konsequent aggressiver Haltung bis zur Vernichtung der Vaterfigur im Spiel führen. Hierbei wird die hinter solcher aggressiven Haltung stehende Angst verringert, weil sich die Auseinandersetzung in der Distanz der Miniaturwelt und in verhüllterer Form gegenüber stellvertretenden Vaterfiguren vollziehen kann, z. B. durch die Einführung des «Bürgermeisters», also des Stadtvaters, oder auch des Lehrers, eines Polizisten u. a. Es kommt im Scenenspiel nicht selten vor, daß dann solche Figuren unter einstürzenden Trümmern begraben, vom Auto überfahren oder von dem Krokodil gefressen werden. Die unbewußten Schuldgefühle, die bei solch aggressivem Vorgehen entstehen, werden aufgefangen oder abgemildert, dadurch daß die biegbaren Figuren unbeschädigt bleiben, sie also hinterher wieder «lebendig» sein können.

Die analytische These, daß über die Übertragung auf den Therapeuten die einzelnen neurotischen Konflikte zur Lösung kommen, tritt im Scenotestspiel in sichtbarer Form zutage, wenn die Arztfigur als Vater auftritt, der nicht mehr bekämpft, sondern als Beistand anerkannt wird. An der Gestalt eines liebevollen gütigen Großvaters oder eines einsichtigen Lehrers, die ins Spiel eingeführt werden, kann sich weiterhin abzeichnen, daß der Patient sich mit der väterlichen Autorität in positivem Sinne auseinandergesetzt hat.

Wie der Scenotest auch die unbewußten Probleme in der entsprechenden Entwicklungsphase im Bereich des Libidinösen, das durch die Psychoanalyse FREUD's aufgedeckt wurde, zur Darstellung bringen kann, wird am stärksten evident durch den Test eines zehnjährigen Mädchens, das infolge einer sexuellen Attacke eines Exhibitionisten frühzeitig in direkte Auseinandersetzung mit den Geschlechtsproblemen gedrängt wurde. Es stellte den klassischen Oedipuskomplex mit den Scenotestfiguren dar: Der Vater sollte nach einem Streit die Mutter erschlagen. Dann stellte das Kind mit Befriedigung fest, daß nun der Vater, seine Tochter und deren kleines Baby allein zusammen bleiben und betonte: »Und sie verstehen sich gut.«

b) Als Beitrag zur Zwillingsforschung

Da der Scenotest die Wechselwirkung von Anlage und Umwelt auf die Entwicklung der Persönlichkeitsstruktur zur Darstellung bringt, liegt es nahe, ihn bei Untersuchungen von eineiigen und zweieiigen Zwillingen, die sich als Gleichaltrige in sehr ähnlicher Situation der Umwelt gegenüber befinden, anzuwenden. Bei Anfangsuntersuchungen, die aus äußeren Gründen nicht weiter fortgeführt werden konnten, zeigte sich, daß der Scenotest bei eineiigen in der gleichen Umwelt aufwachsenden Zwillingen häufiger Hinweise auf Übereinstimmung in ihrer Lebenshaltung und damit auch ihrer Struktur ergab als derjenige zweieiiger Zwillinge, auch wenn diese unter gleichen Umweltbedingungen aufwuchsen. Der Scenotest als Gegenstand der Zwillingsforschung ist auch von anderer Seite bisher nicht aufgegriffen worden. Es dürften sich interessante Fragestellungen hierbei ergeben. Solche wären z. B.:

1. Wie reagieren diese zusammen aufwachsenden zweieiigen, also verschieden veranlagten Zwillinge auf ihre Umwelt, die ja annähernd gleich ist, da sie sich als Gleichaltrige in sehr ähnlicher Situation der Welt gegenüber befinden?
2. Ist die Haltung des Zwillings jeweilig bestimmt durch seine Beziehung zum anderen? Wie sieht die Haltung des Zwillings der Welt und den Menschen gegenüber aus, bestimmt durch seine Beziehung zum anderen Partner, wobei der Scenotest über das im üblichen Sinne Beobachtbare hinaus auf die latenten Tendenzen hinweist?
3. Inwieweit kann der Scenotest darüber Auskunft geben, welcher Zwilling der führende ist, unter der Voraussetzung, daß man dies aus der Beobachtung nicht weiß?

Auf die Eignung des Scenotests, alters- und geschlechtsspezifische Verhaltensweisen in den affektiven Beziehungen zur Welt widerzuspiegeln, wurde schon hingewiesen (s. S. 101).

c) Der Scenotest in anthropologischer Sicht

Da der Scenotest bei Versuchspersonen verschiedenster Lebensalter Aufschlüsse über ihre Welt gibt, ist er außer in Europa, wie ich auf meinen Reisen durch den Orient sowie durch Nord-, Mittel- und Südamerika feststellen konnte, als projektiver Test folgerichtig auch bei Angehörigen anderer Länder und Rassen anwendbar, da sich ja in ihm menschliches Erleben überhaupt darstellt.

Erfahrungsgemäß bauen auch das Chinesenkind, der kleine Südafrikaner, die Kinder der nordischen Länder wie auch die Kinder in Südamerika sowohl der dortigen Europäer als auch der eingeborenen Indianer auf dem Lande unbeirrbar ihre eigene Problematik, ihre Konflikte und ihre allgemeine Lebenssituation, bezogen auf ihr spezielles häusliches Milieu in ihrer Umwelt.

Eine besondere Note erhält der Scenotest, wenn eine Versuchsperson in eine ganz ungewohnte Umwelt versetzt wird. So kam die Sehnsucht eines chinesischen Kindes nach seiner angestammten Heimat in einem Lebensraum, in dem eine ihm unbekannte Sprache gesprochen wurde, in seinem Scenotest zum Ausdruck. Er ließ typisch chinesische Landschaftsmotive mit kleinen Tempeln und chinesisch anmutenden gebogenen Brücken entstehen.

Die Erfahrung hat weiter gelehrt, daß auch in anderen Ländern ebenso wie bei uns durch eine Auseinandersetzung mit den vorliegenden Problemen im Scenotest-Spiel ein schon längst erwogener Entschluß plötzlich mit vollem Bewußtsein sehr energisch vollzogen werden kann.

Ein israelisches Mädchen, das früher bei seiner Großmutter aufgewachsen war, nach der Flucht von der Mutter mit in den Kibuzzim gebracht wurde und lange hin und her geschwankt hatte, wo es nun bleiben wolle, sagte, nachdem es eine entsprechende Scene aufgebaut hatte, ausdrücklich, sie wolle von jetzt ab zur Großmutter zurückgehen, die außerhalb des festgefügten geregelten Gemeinschaftslebens des Kibuzzims draußen ihr Leben führte.

Einem jungen angehenden türkischen Mediziner war es dagegen, wie sein Scenotest ergab (Abb. 32), noch nicht gelungen, sich von seiner Fixierung an die Mutter zu lösen. Er stellte in die rechte hintere Ecke, die er durch Bausteine von der übrigen Ebene abtrennte, die große Jungensfigur gegenüber von der Kuh auf, die den Melkeimer vor sich hatte. Der Junge sollte nur darauf bedacht sein, für Füttern und Tränken der Kuh zu sorgen. Als der junge Mediziner auf die im übrigen ganz freigelassene Versuchsfläche angesprochen wurde, sagte er ausdrücklich: «Alles übrige in der Welt interessiert den Jungen überhaupt nicht.» Es war evident, daß er selbst sich seiner Problematik nicht bewußt war, die aber andere Kollegen, in deren Beisein die Scene aufgebaut wurde, erkannten.

Die Nichtverwurzelung im elterlichen Milieu und seine stärkere Bindung an die Klinik und die Zuversicht auf seine Gesundung kamen im Scenotest eines elfjährigen Patienten mit einem organischen Herzfehler in einer türkischen Kinderklinik zum Ausdruck. Er spielte, daß ein herzkranker sechsjähriger Junge von seinem Onkel in die Klinik gebracht wurde, wo der Arzt bei der Aufnahme bestätigte, daß er dort gesund werden würde. Er selbst war auch als sechsjähriges Kind in die Klinik gekommen aus einem Zuhause, wo sich nur ein Onkel, nicht aber die Eltern ernsthaft seiner angenommen hatten.

Auch die Hintergründe von neurotischen Fehlhaltungen zeichnen sich entsprechend der jeweiligen Struktur der Neurose im Spiel des Scenotests ab, wo immer er angewendet wird.

Bei einer Vortragsreise durch Süd-, Mittel- und Nordamerika beobachtete ich, daß ein zehnjähriges, an Bronchialasthma leidendes Mädchen in Rio de Janeiro ein häusliches Milieu darstellte, in dem sich das Kind ständig unter Druck befand. Die Mutter saß steif aufgerichtet hinter einem Puppenmädchen, das eine Schiefertafel vor sich hatte, und überwachte unausgesetzt seine Schularbeiten. Eine solche Atmosphäre mit mehr oder weniger starkem moralischem Druck ist auch bei uns im häuslichen Milieu bei Asthma-Kindern bekannt.

Die Wurzeln seines schulischen Versagens kamen in dem Test eines an sich intelligenten 15jährigen Jugendlichen in Sao Paulo dadurch zum Ausdruck, daß er einen seinem Alter entsprechenden Puppenjungen im Liegestuhl auf einer Hazienda sonnen ließ, während die Eltern auf dem Felde arbeiten sollten. Auf die Frage, ob der Junge denn nicht zur Schule zu gehen brauche, sagte er «ehrlich» bedauernd, dies sei leider nicht möglich, da die nächste Schule 250 km entfernt wäre — was bei den enormen Ausmaßen der einzelnen Farmen dort nicht selten ist. Unbewußt wünschte er sich auch eine solche Situation.

Angeregt durch die auf meiner Reise durch die verschiedenen Länder Südamerikas gewonnenen Erfahrungen, daß sich Mentalität und Erlebnisweisen typisch im Scenotest widerspiegeln, hat ISABELL MÖLLER-ARNOLD Scenotest-Untersuchungen und -Behandlungen an Kindern aus Mischehen und reinblütigen Indianern aus dem Gebiet von Santiago und Tambuco vorgenommen.

So zeigte sich, daß die Indianerkinder, die im allgemeinen kaum Spielzeug kennen, das Material mit großer Begeisterung ergreifen und damit Scenen aufbauen. Interessant war jedoch, daß die Indianerkinder nicht nur sofort zu spielen begannen, sondern auch, wie bei uns, die Puppenfiguren als Eltern, Großeltern, Geschwister und Freunde in ihren Scenen — ihrer eigenen Familiensituation entsprechend — auftreten ließen. Es bedeutete für sie z. B. die ja typisch wie eine europäische Märchengroßmutter gekleidete Puppenfigur auf Grund ihres Aussehens die indianische Großmutter.

Auch die Schultafel z. B. wurde wie bei uns symbolisch zum Ausdruck positiver oder häufig auch negativer Einstellung den schulischen Anforderungen gegenüber verwendet.

Auffallend, aber für die indianischen Verhältnisse mit ihrer Dürftigkeit in der Realität typisch war das Auftreten der oralen Themen in einer besonderen Darstellungsweise: Vielfach standen im Mittelpunkt ihrer Scenen gedeckte Tische, aber niemand saß daran, obwohl in den einzelnen Scenen an sich relativ zahlreiche Puppenfiguren in das Spiel eingeführt wurden.

Als weiterer Hinweis auf anscheinend häufigen Mangel an oraler Befriedigung fiel auf, wie hastig viele Kinder ihre Scenen aufbauten, als ob sie fürchteten, daß man ihnen während des Spiels die einzelnen Teile wieder wegnehmen würde.

Im Gegensatz dazu, daß die Verwendung einer großen Anzahl der Puppenfiguren auf besondere Kontaktfreudigkeit hindeuten kann, scheint dies dort mit der engen Verbundenheit der Indianer mit ihrer im allgemeinen sehr vielköpfigen Familie zusammenzuhängen. Bekanntlich sind ja die Familien dort sehr kinderreich und auch die Kinder und Kindeskinder bleiben zumeist im elterlichen rancho alle zusammen wohnen.

Die geringe Verwendung von Bausteinen ist auch auf die dortigen Verhältnisse zurückzuführen. Es ist wenig Anlaß, größere Bauten, wie sie europäische Kinder aufführen, zu errichten, da in ihrem Lebensraum die kleinen Holz- resp. Wellblechhütten, «ranchos», in denen sie in sehr großer Enge leben, vorherrschend sind.

Wenn einmal in den Tests eine Brücke dargestellt werden soll, so erscheint sie unter Verwendung weniger Bausteine in der spezifischen Art primitiver indianischer Hängebrücken.

Ein Detail, das immer wieder in den Scenen beobachtet werden konnte, entsprach wiederum den dortigen besonderen Lebensumständen. Die Arztfigur, als «practicante» kam zu dem bei der Mutter befindlichen Baby, um es zu untersuchen. Der «practicante» ist ein nicht voll ausgebildeter Arzt, wie er dort auf dem Lande im allgemeinen nur vorhanden ist. Bei der enorm großen Säuglingssterblichkeit erleben die Kinder, daß sich der Arzt vorwiegend nur um die Babies kümmert, und die Mütter ihn nur für diese holen.

In solch einer Scene, in der in der einen Ecke der Arzt zur Mutter und dem Baby gekommen war, baute der Indianerjunge in der diagonal gegenüber liegenden Ecke als korrespondierendes Motiv eine «Trauung» auf. Der Engel stand vor einem Pärchen — einem kleinen Puppenjungen und einem Puppenmädchen —, die heiraten wollten. Der Aufbau einander entsprechender oder gegensätzlicher Details in diagonal gegenüber liegenden Ecken, wie man sie bei uns öfter im Scenotest erlebt, wird also auch dort gefunden und besagt, daß auch dort Gegensätze oder Analogien durch die Art der Anordnung auf der Spielfläche besonders betont werden.

Form und Inhalt der Scenengestaltung spiegeln, wo immer mit diesem Testmaterial gebaut wird, die dem jeweiligen Lebensraum entsprechende Einstellung zur Welt, und insbesondere zu den nächsten Mitmenschen, wider.

VI. Der Scenotest in der Psychiatrie

a) Als psychodiagnostisches Hilfsmittel.

Wie die Erfahrung gezeigt hat, vermag der Scenotest bei organ-neurologischen Erkrankungen den Beobachter zu unterstützen, wenn ein Interesse vorliegt, die psychogenen Überlagerungen in ihrer Valenz genauer zu fixieren. Im Scenenspiel baute z. B. ein fünfzehnjähriger postencephalitischer Jugendlicher eine Eisenbahn auf, deren kurze Strecke auf zwei Seiten durch Prellböcke gesperrt war. Hier mochte sich symbolhaft die gehemmte Motorik als eine zusätzliche Komponente in der Entladung des Krampfanfalles andeuten. Die Wiederholung dieses Themas könnte einer Teilkomponente des deutlich Perseverierenden im Wesen des Patienten entsprechen.

H. AHLBRECHT beobachtete wiederholt in den Scenen von Kindern mit organ-neurologischen Erkrankungen, insbesondere auch bei Epileptikern, Aufreihungen gleichwertiger Einzelteile des Testmaterials, etwa sämtlicher Früchte und Gefäße in Analogie zu den bei ihnen beobachteten Perseverationen. Erfahrungsgemäß kann der Scenotest in bestimmten Grenzen auch bei Psychosen angewendet werden. Er vermag hier in Einzelfällen Einblicke in die psychopathologische Erlebniswelt zu geben, Kontakt anzubahnen und den Patienten an die Realität heranzuführen.

In welcher Weise eine psychotische Patientin auf das Material ansprechen kann, zeigte sich bei einer Demonstration in einer Nervenklinik. Eine 32jährige Patientin, die sich in einem agitiert-manischen Zustand befand, wurde bei der Aufforderung, mit dem Material etwas zu bauen, von den biegbaren Puppen so stark gefesselt, daß sie sich während dieser Zeit völlig eingeordnet und unauffällig verhielt.

Wie sich weiterhin zeigte, vermag der Scenotest auf spezielle psychogene Momente hinzuweisen, die im Beginn einer Psychose eine ausschlaggebende Rolle gespielt haben mögen.

Bei einer 21jährigen schizophrenen Patientin wurde im Beginn eines schizophrenen Schubes der Versuch gemacht, sie zum Aufbau einer Scene anzuregen. Sie war seit drei Wochen in der Klinik autistisch gesperrt. Anfänglich lehnte sie den Test vollständig ab. Als sie aber hörte, daß dann ein Kind statt ihrer eine Scene aufbauen sollte, und dieses auch tat, war sie plötzlich selbst dazu bereit. Sie baute folgende Scene und zwar im Gegensatz zu gesunden Vpn mit abgezirkelten Handbewegungen im Zeitlupentempo:

Ein Mann, dargestellt durch die Arztfigur, kam zu der um den Mittagstisch versammelten Familie, «er sollte sich kaum Zeit nehmen, den Mantel auszuziehen, weil er so etwas Aufregendes erlebt hatte». Als die Patientin gefragt wurde, was dies gewesen sein sollte, sagte sie, er habe gerade miterlebt, wie ein Mann tödlich verunglückte. Auf die Frage, was das für ein Mann gewesen sei, erwiderte sie: «Ein Organist.» Auf die weitere Frage, ob ihr ein Organist bekannt sei, antwortete sie ohne Affekt: «Mein Vater.»

Charakteristischerweise hatte sie am Tage vorher den Besuch ihres Vaters, der weit hergekommen war, in der Klinik abgewiesen. Es ist durchaus verständlich, daß die Nähe eines Menschen, den man in seiner Phantasie umbringt, unbewußt gefürchtet wird, insonderheit, wenn sich diese unbewußten Beseitigungswünsche auf den eigenen Vater richten.

Es mag dies ein Hinweis sein, daß sich im Scenenbild seelische Erschütterungen von besonderem Tiefgang, die dem Ausbruch eines schizophrenen Schubes vorausgegangen sind, anzudeuten vermögen.

Um dies hier nochmals zu betonen: Durch den Scenotest allein können seelische Erkrankungen, z. B. Neurosen und ebenso Psychosen nicht diagnostiziert werden. Der Test kann aber innerhalb der diagnostischen Feststellungen als Hilfsmittel dienen, tieferliegende, d. h. dem reflektierenden Denken nicht direkt zugängliche, seelische Zusammenhänge zu beleuchten, den Patienten in seinen unbewußten Problemen anzurühren und seine Auseinandersetzungen mit ihnen in Gang zu bringen.

In neueren experimentellen Arbeiten wird der Scenotest in der Psychiatrie als psychodiagnostisches Hilfsmittel speziell vom Formalen her angewandt. SAMUEL DUNKELL hat in der Universitäts-Nervenklinik Burghölzli, Zürich, die Scenotests von psychoreaktiven, schizophrenen, organ-neurologischen und psychopathischen Patienten hinsichtlich ihres formalen Aussagewertes in seiner Dissertionsschrift «Das Formale im Scenotest» untersucht. In einer graphischen Kurve, die von ihm als «Staabs-Profil» bezeichnet wurde, hielt er die Verwendung der einzelnen Teile des Scenotest-Materials zahlenmäßig und in der Art ihrer Anordnung fest. Hierbei stellte er charakteristische Profile einerseits für die psychoreaktiven und psycho-pathischen, andererseits für die organ-neurologisch Erkrankten und schließ-lich für die schizophrenen Patienten fest, Ergebnisse, die diagnostische Rückschlüsse zulassen sollen. Typische Scenengestaltungen der einzelnen Gruppen sowie der einzelnen Patienten dienen als Grundlage seiner Er-gebnisse.

Auch GERD und RENATE BIERMANN haben sich bei ihren eingehenden, systematischen und durch reichhaltige Illustrationen veranschaulichten Untersuchungen an 112 schizophrenen Patienten in über 215 Scenotest-Spielsituationen zunächst, wie DUNKELL, auf das Formale des Scenotests be-schränkt. Auf Grund seines größeren Zahlenmaterials hat BIERMANN noch differenziertere Unterteilungen der von ihm beobachteten Spiele seiner schizophrenen Patienten vorgenommen. Seinen Beobachtungen entnahm er charakteristische Spielweisen quantitativer und qualitativer Art, die zum Teil den Persönlichkeitszerfall des Schizophrenen widerspiegeln (cha-otische Scheinordnung) zum Teil sich mit der Spielweise, die nach DUNKELL für Hirnorganiker spezifisch sind, und die er «Organisches Syndrom des Scenotestspiels» nennt, decken.

b) *Als Mittel bei psychotherapeutischem Angehen von Psychosen*

Im letzten Jahrzehnt bemühte man sich allgemein um psychotherapeuti-sches Angehen von Psychosen — im Rahmen der Arbeitstherapie wie auch in Versuchen analytischer Behandlungen. Die Frage, ob und inwieweit. und welche Psychosen, speziell Schizophrenien im Einzelfall durch psy-choanalytische Behandlungen angehbar sind, soll hier nicht aufgeworfen werden. Es würde über den Rahmen dieses Buches hinausgehen.

Einblicke in die Erlebensweisen psychotisch Kranker aus der Sicht der Tiefenpsychologie sind aus ihrem Verhalten, aus ihren sprachlichen Äuße-rungen und ihren Gestaltungen verschiedener Art zu gewinnen. Der Sceno-test hilft dem Psychosekranken zur Darstellung seiner selbst und seiner Befindlichkeit in der Welt in der konkreten Form des Bauens und Agie-rens im Rahmen einer Miniaturwelt, die auffordert, die emotionalen Be-ziehungen zu Menschen und Dingen in der Welt darzustellen. Damit kann auch die Beziehungslosigkeit, besser gesagt, die Gestörtheit der affektiven Bezüge, wie sie dem Objektverlust zugrunde liegt, zum Ausdruck kommen

Läuft eine Psychosebehandlung vornehmlich am Scenotest-Material ab, so spiegelt sich die Welt des psychotischen Erlebens ebenso wie die Zurückfindung in die reale Welt unmittelbar in den aufeinanderfolgenden Scenen. Sie lassen erkennen, wie im Laufe der Behandlung alters- und wesensentsprechende Bezüge zu Menschen und Dingen entwickelt werden.

W. Th. WINKLER hat in die Behandlung einer zwanzigjährigen an Katatonie leidenden Patientin und D. WYSS in die einer paranoid halluzinatorischen Schizophrenie psychodramatische Elemente durch das Scenotest-Material eingeführt und dabei in bestimmten Situationen den Therapieverlauf entscheidend gefördert.

Während Mme. SECHEHAYE durch direkte symbolische Wunscherfüllung die Patientin zur Realität zurückzuführen versucht, spielt sich dies im Scenotest in der Distanz der Miniaturwelt ab. Durch das Spiel mit den Puppen und den Tieren gelang es WINKLER bei einer psychotischen erwachsenen Patientin die mehrdimensionale Übertragung auf den Therapeuten abzubauen. Die Puppenfigur, die im Spiel die gefürchtete und abgelehnte Mutter verkörperte, wurde — im Sinne einer Entzauberung, wie WINKLER dies nennt — gefesselt und hierdurch entdämonisiert, mit ihr alle diejenigen, die für die Patientin, die Mutterfigur repräsentierten. Danach kam es zum ersten Mal zu einer persönlichen Kontaktaufnahme zu dem Therapeuten. Die unausgesprochene Aufforderung, die von dem Spielmaterial ausgeht, sich einmal die Dinge in der Welt anzusehen, wie sie wirklich sind, bahnten den Weg zu einer konkreten Wertordnung.

Einige Analogien, die sich beim Überblick über zwei von mir durchgeführte Behandlungsfälle mit Hilfe des Scenotests ergeben haben, die einer fünfzehnjährigen Oberschülerin im Beginn einer Pubertätspsychose und die eines achtzehnjährigen Patienten, der schon mehrere Monate wegen einer Psychose in klinischer Behandlung war, möchte ich als Beitrag zu dieser besonderen Art psychoanalytischen Angehens erwähnen, wenn ich mir auch bewußt bin, daß wegen der fehlenden Breite der Erfahrungen hier nichts Grundsätzliches gefolgert werden kann.

In den beiden Fällen bildete der Scenotest die erste Brücke affektiven Kontaktes zur Therapeutin. Er diente als vielseitiges Mittel der Übertragung und der Auseinandersetzung mit der jeweils akuten Problematik, die sich von Scene zu Scene weiterspann.

Zu Beginn der Psychose und bei Exacerbationen gestalteten die Patienten, wie die bisherigen Erfahrungen ergaben, ihre Scenen abstruser, primitiv-archaischer und stärker symbolhaft verkleidet. Beim Abklingen der Psychose wurden die Themen der Alltagswelt entnommen und banaler. Das Tempo des Aufbauens der Scenen und des Agierens mit dem Material, sowie die hinzugefügten Assoziationen waren häufig während des akuten

Schubes abnorm rasch. Das mochte durch Ausbleiben hemmender Reflexionen bedingt werden, wie wir dies auch aus dem beschleunigten Redestrom und den in Sekundenschnelle hingeworfenen Zeichnungen und Malereien Schizophrener kennen.

Wie bei dem neurotischen Patienten war auch bei psychotischen Patienten der Initialtest jeweils richtungweisend für den weiteren Verlauf und ließ die grundlegende Problematik erkennen. Die fünfzehnjährige Patientin nahm aus dem Scenotest-Material lediglich den Kleinkindjungen und legte ihn als einziges mit dem Rücken auf die Scenebene hin (Abb. 41). Dann faltete sie die Hände über ihm.

Das einzige, mit dem sich die Patientin ihrer Pubertätsproblematik entsprechend konfrontierte, war das Männliche, das isoliert, ohne Beziehung zur übrigen Welt gesehen wurde. Keine Schutz- und Expansionsmöglichkeiten wurden dargestellt, keine Möglichkeit für das Kind, Beziehungen aufzunehmen. Lediglich faltete die Patientin über dem Puppenjungen ihre Hände — in dieser Gebärde kamen mütterliche Regungen zum Ausdruck. Gleichzeitig vermögen gefaltete Hände auch zu demonstrieren, daß von ihnen nichts Böses getan wird. Hier mochten unbewußte aggressive Tendenzen, die mit Schuldgefühlen erlebt werden, eine Rolle spielen.

Auf der Subjektstufe gelesen, identifizierte sich die Patientin mit dem kleinen Jungen, griff die männliche Linie auf — erlebte sich dabei hilflos und allein in einer Welt, die leer ist. In dieser Sicht mögen die gefalteten Hände Wünsche andeuten, auch selbst behütet zu werden. Die Darstellung des Kleinkindes ohne Beziehungen zur Welt und Menschen — die Scenebene war leer — erinnerte in ihrem Ausdruckswert an die Initialscene des oben erwähnten achtzehnjährigen psychotischen Patienten (Abb. 42).

Er legte das Baby auf den Rücken der Kuh, die er als einen Verderben mit sich bringenden Stier interpretierte, ebenfalls auf der völlig leeren Fläche, die keine Beziehungsmöglichkeit oder Haltepunkt bot.

Beide Patienten stellten das Geworfensein in der Welt dar, beide ihrer grundlegenden Problematik entsprechend: Die Fünfzehnjährige wurde in ihrer Darstellung durch die ihrem Alter entsprechende Auseinandersetzung mit dem anderen Geschlecht bestimmt, der Achtzehnjährige durch die bei ihm im Vordergrund stehende Vater—Sohn-Auseinandersetzung. In beiden Fällen wurde der Initialtest der Auftakt für die Entwicklung und Reifung in der eigengeschlechtlichen, alters- und wesensentsprechenden Lebensrolle.

Bemerkenswerterweise bauten beide Patienten gegen Mitte der Behandlung spontan entlang der Diagonalen der Ebene Scenen im Sinne der Lebensplanung auf, die aufeinanderfolgende Phasen ihres Lebens darstellen sollten. Sie nannten sie «Lebenslauf» bzw. «Lebensvorschau».

Beide Behandlungen dauerten etwa $7^1/2$ Monate mit 1- bis 2stündigen, täglichen psychotherapeutischen Behandlungen in den ersten Monaten und später zwei- bis dreimal pro Woche einstündigen Sitzungen, die zuletzt ambulant durchgeführt wurden. Die Behandlungsdauer entspricht, wie ich einer mündlichen Mitteilung von BENEDETTI entnehmen konnte, den durchschnittlichen Therapieverläufen, die er an psychotischen Patienten in großer Anzahl vorgenommen hat.

Bei der 15 jährigen Patientin zog sich kontinuierlich durch ihren Behandlungsablauf und ihren Scenenaufbau die Auseinandersetzung mit der speziellen Pubertätsproblematik, zuerst durch Zurückschrecken aus ihrer ambivalenten, schwer angstbesetzten Einstellung Männern gegenüber, infolge ihres Stehenbleibens auf der prägenitalen Stufe in grob archaischer Form, dann illusionäre Verkennung des Mannes als Ritter, der sie auf den Thron erheben werde. Wie ihr Scenenspiel zeigte, reifte sie schließlich zu der ihrem Alter gemäßen Kameradschaft unter Gleichaltrigen und entwarf ein Zukunftsbild des Mannes als verantwortungsvollem, der Lebensgefährtin emotional zugewandten Partner, der sie in der Vielfalt ihres Wesens annimmt. Sie gelangte gleichzeitig zum Erleben einer zwar antinomienbehafteten, aber durch die Gnade Gottes entsühnten und friedvollen Welt. Durch Nachholen der in der Kleinkindzeit versäumten Realitätsprüfung löste sie sich von der kindhaften Fixierung an die nächsten Familienangehörigen und vermochte ihre eigene selbständige Persönlichkeit zu entwickkeln.

Aus der intentional bedingten Kontaktgestörtheit und der Ambivalenz zwischen Hilflosigkeit und eigener geballter Aggression als Hintergrund seiner Weltangst, wie sie im Initialtest des 18 jährigen Patienten zum Ausdruck kam, führte seine Entwicklung, wie sich aus den von ihm erbauten Scenen ablesen ließ, zu Auseinandersetzungen mit dem Vater—Sohn-Problem in verschiedener Hinsicht und damit auch mit seiner eigenen Männlichkeit. Nach Verarbeitung seiner Tendenz zu weiblich passiver Lebenshaltung, in der masochistische Opferhaltungen anklangen, kam er zur Auseinandersetzung mit der Antinomik der Welt und zur Erfassung göttlicher Gnade, die die Welt dennoch harmonisch erleben läßt, in der es sich lohnt, sich zu bemühen, seine eigene Triebwelt zu beherrschen und so stabilisiert, auch den Aufgaben in der Welt besser gewachsen zu sein.

Diese mehrfachen Variationen mitmenschlicher und weltanschaulicher Auseinandersetzungen in seinen Scenendarstellungen bereiteten die Voraussetzungen für eine realitätsgerechte Übernahme seiner altersgemäßen Lebenssituation vor.

In den beiden Fällen wurde der Scenotest so zum Abbild der Hintergründe des psychotischen Zustandes und des Reifungsvorganges.

Beide Patienten haben ihre Schulbildungen wie vorgesehen abgeschlossen, stehen in der Berufsarbeit ohne Auffälligkeiten, verhalten sich ihrem Alter entsprechend und sind kontaktfähig.

Zusammenfassung

Es wird als «Scenotest» eine von Verf. Anfang des Jahres 1938 in ihrer nervenärztlichen Praxis entwickelte Untersuchungs- und Behandlungsmethode beschrieben, die ursprünglich speziell auf die Erfassung unbewußter Problematik bei Kindern und Jugendlichen hin entwickelt, sich auch in der Anwendung bei Erwachsenen als geeignet erwiesen hat.

Primär als Test konzipiert, kann diese Methode sekundär auch zu therapeutischen Zwecken in einen Behandlungsverlauf eingesetzt werden.

Sie bildet ein Mittel, um Hinweise auf innere und äußere Fakten zu erhalten, die entweder bewußt verschwiegen werden oder auch der Reflexion gar nicht zugänglich, daher unbewußt bleiben.

Solche Hinweise sind naturgemäß von allergrößter Bedeutung in allen Fällen, in denen die Hintergründe struktureller oder äußerer Art zu abwegigen charakterlichen Eigentümlichkeiten oder auch zu neurotischen Symptomen geführt haben.

Als standardisiertes Material dient eine bestimmte Anzahl biegbarer Puppenfiguren und ein nach tiefenpsychologischen und dynamischen Gesichtspunkten ausgewähltes Zubehör — bestimmte Tiere, Bäume, Symbolfiguren und Dinge, die im täglichen Leben bedeutungsvoll sind. Der dem Material innewohnende Aufforderungscharakter läßt mit nur wenigen Worten bei Versuchspersonen oder Patienten verschiedenster Altersstufen eine Scenengestaltung in Gang bringen. Besonders durch die biegbaren Puppen, die anregen, sie miteinander in Beziehung zu setzen, wird einesteils der Spieltrieb angesprochen und Voraussetzungen zu unbefangener Äußerung geschaffen. Andererseits wird mit diesen Puppen, die die Beziehungspersonen verkörpern können, die Problematik der menschlichen Beziehungen und damit die Grundproblematik des Lebens überhaupt angerührt und zur Darstellung gebracht.

Durch ihre Biegbarkeit von größter Ausdruckskraft gibt dieses Puppen-material Anregung und reichste Möglichkeit, eigenes Erleben nachzuspie-len. Die hiermit von Kindern, Jugendlichen und auch Erwachsenen erbau-ten Scenen — die dieser Methode ihren Namen «Scenotest» geben — lassen bei entsprechender Auswertung entnehmen, wie die Vp ihre Umwelt er-lebt, selbst dazu Stellung nimmt, und welcher Art ihre spezielle Proble-matik und Konfliktmöglichkeiten sind.

In *diagnostischer Hinsicht* gibt der Scenotest daher schon bei Erstunter-suchungen Einblicke in die unbewußte Problematik, die durch bewußte Befragung nicht zu eruieren ist. Er kann speziell neurotische Störungen aufdecken und zu ihren Wurzeln führen und differentialdiagnostische Überlegungen unterstützen.

In der *Therapie* verhilft die Scenotest-Methode dem Patienten dazu, sich von seinen inneren Schwierigkeiten, die eigenes Leben gewinnen und ge-wissermaßen in der Personifizierung dem ordnenden Bewußtsein zugäng-lich werden, zu distanzieren und sich mit ihnen auseinanderzusetzen. Sie läßt sich in psychotherapeutischen Beratungen und Gesprächen sowie als tiefenpsychologische Kurztherapie verwenden, in rite psychoanalytische Behandlungen einfügen und in der speziellen «Scenotest-Therapie» die Aufarbeitung seelischer Fehlhaltungen sich an den Stunde für Stunde erbauten Scenen vollziehen.

Als Variationen werden im «gezielten Scenotest» dem Aufbau der ein-zelnen Scenen affektbetonte Themen zugrunde gelegt. In der «Scenotest-Gruppentherapie» werden mehrere Patienten gleichzeitig zum Aufbau von Scenen angeregt und diese gemeinsam verarbeitet. Bei kombinierter Be-handlung werden in bestimmten Fällen, besonders bei eingefahrenen Auto-matismen, autogenes Training und Hypnose in den Behandlungsverlauf eingeschaltet.

In der *angewandten Psychologie* unterstützt er die Erfassung des Ent-wicklungsstandes und vermag in der Erziehungsberatung durch seine An-schaulichkeit, den Angehörigen Verständnis für die Hintergründe der kindlichen Schwierigkeiten nahezubringen.

Als Beitrag zu charakterologischen Untersuchungen dient er in der Berufsberatung. Für die Auswahl und den Einsatz von Mitarbeitern kann er wesentliche Hinweise geben. In der Lebensberatung dient er zur Erhel-lung akuter Konfliktsituationen und Probleme seelisch gesunder Ver-suchspersonen in den verschiedenen Lebensaltern.

In der *forensischen Medizin* erlaubt er, Zusammenhänge von bestimm-ten Verhaltensweisen zu erfassen, die der Befragung nicht direkt oder schwerer zugänglich sind. Aus diesem Grund kann er auch gutachtliche Beurteilungen besonders bei Kindern wesentlich unterstützen. Er hat sich auch als geeignet erwiesen, um bei Kapitalverbrechen Einblicke in die tiefenpsychologischen Zusammenhänge der Motive zu vermitteln.

Innerhalb der *Forschung* liefert der Scenotest durch sein Konkretisieren theoretischer Grundlagen im Einzelfall Beiträge zur Verifikation psychoanalytischer Grunddispositionen. Auch in der Zwillingsforschung kann der Scenotest eine Unterstützung bedeuten. In anthropologischer Sicht tritt in Form und Inhalt der Scenengestaltungen — wo immer mit diesem Testmaterial gebaut wird — die dem Lebensraum entsprechende Einstellung zur Welt, speziell der affektiven Bezüge zu den nächsten Mitmenschen in Erscheinung.

In der Psychiatrie vermag er im Rahmen der Psychosen als ein psychodiagnostisches und psychotherapeutisches Hilfsmittel verwendet werden.

Ganz allgemein dient er diagnostisch als Beitrag zur Erfassung unbewußter Problematik, charakterologischer Struktur und tiefenpsychologischer Zusammenhänge seelischer Störungen und weiterhin als Methode psychotherapeutischer Behandlung.

LITERATURVERZEICHNIS

ADLER, A.: Praxis und Theorie der Individualpsychologie. München 1924. Verlag Bergmann.

ADLER, A., gemeinsam mit C. FURTMÜLLER und E. WEXBERG: Heilen und Bilden. München 1914-1916. Hierzu Adlers Zeitschrift für Individualpsychologie, München 1914-1916 und seit 1923.

ALBRECHT, H.: Kinderabteilung der Universitäts-Nervenklinik, Hamburg-Eppendorf: Erfahrungen mit dem Scenotest. Kongreßbericht des Psychologenkongresses. München 1949.

ALBRECHT, H. und H. KIRCHHOFF: Zur Bewertung der Testmethoden im Kindesalter. Monatsschrift für Kinderheilkunde, Bd. 10, H. 8. Berlin—Göttingen—Heidelberg 1952. Springerverlag.

ALEXANDER, F.: In Zeitschrift für Psychoanalyse XX 1934.

ARTHUS, H.: (Dorftest) Une psychologie vistualiste le village. Test d'action creatrice. Paris. Verlag P. Hartmann.

BALLY, G.: Das Diagnoseproblem in der Psychotherapie. Der Nervenarzt, 30. Jahrgang, 11. H. Berlin 1959. Springerverlag.

BEHN-RORSCHACH ZULLIGER: Der Behn-Rorschach-Formdeutungsversuch. Bern 1941. Verlag Huber.

BENEDETTI, G.: Grundprobleme der Psychotherapie bei Schizophrenen. Therapeutische Fortschritte in der Neurologie und Psychiatrie. Urban und Schwarzenberg, Wien—Innsbruck 1960.

BERGER, J. und RENNERT, H.: Untersuchungen mit dem Scenotest bei Enuresis und Enkropresis. Praxis d. Kinderpsychologie und Kinderpsychiatrie 5. Jg. 1956.

BIERMANN, G.: Geständnis- und Wiederholungszwang im Scenotest. Zeitschrift für Diagnostische Psychologie und Persönlichkeitsforschung, Nr. 4. Bern u. Stuttgart 1955. Verlag H. Huber.
Die psychologische Situation jugendlicher Diebe und ihre Projektion im Scenotest. Zeitschrift für Kinderheilkunde, Bd. 81, 1958.
Behandlung einer psychogenen Depression. Acta Psychotherapeutica et Psychosomatica 8. 1960.
Psychosomatische Krankheitsbilder im Jugendalter. Prax. Kinderpsychol. 10. 1961.
Entgegnung zu v. Harnack und Wallis «Möglichkeiten und Grenzen der Anwendbarkeit des Scenotests». Psyche XII. 1958/59.

BIERMANN, G. und R.: Das Scenotestspiel der Schizophrenen. Schweizer Archiv für Neurologie, Neurochirurgie und Psychiatrie, Bd. 89. Zürich 1962. Art. Institut Orell Füssli AG.

BINET ET SIMON: Sur la neçessitée d'établier un diagnostic scientifique des états inférieurs de l'intelligence. Année psych. 11. 1905.

BOBERTAG, O.: Über Intelligenzprüfung nach der Methode von Binet-Simon. Leipzig 1928. 2. Aufl. Verlag Barth.

BONDY, C.: Die Bedeutung der Gruppe in der Erziehung. Internationale psycholog.-pädag. Tagung. Berlin 1951.

Boss, M.: Einführung in die Psychosomatische Medizin. Bern—Stuttgart 1954. Verlag H. Huber.

BRINKMANN, D.: Zur Systematik der psychologischen Testmethoden. Ciba-Zeitschrift 5. Wehr/Baden 1951.

BÜHLER, Ch. und HETZER, H.: Kleinkindtests. Leipzig 1932. Verlag Barth.

BUSCH, W.: Humoristischer Hausschatz. 1887.

DUESS, L.: La méthode des fables en psychoanalyse. Archives de Psychologie. Tome XXXVIII Mai 1940.

DÜHRSSEN, A.: Beratung und Behandlung in ärztlicher analytisch-psychotherapeutischer Sicht. Psyche (Stuttgart) 8. 1954/55.

DUNKELL, S. V.: An Exploratory Study of «Das Formale» in the Scenotest. Dissert. Arbeit. Zürich 1954.

EDELWEISS, M. L.: Psicanalise de Asma. Veritas, Revista Pontificia Universidade Catolica do Rio Grande do Sul, Porto Alegre, Brasil. Juli 1962, Nr. 2.

ENGELS, H.: Eine spezielle Untersuchungsmethode mit dem Scenotest (von Staabs-Test) zur Erforschung der normalen kindlichen Persönlichkeit, Aschendorffsche Verlagsbuchhandlung, Münster/Westf. 1957.

ENGELS, H.: Der Scenotest. Archiv für Psychologie der Arbeit und Bildung. Bd. 2. 1957.

ERIKSON, E. H.: Kindheit und Gesellschaft. Zürich—Stuttgart: Pan 1957.

ERIKSON, E. H.: Kindliche Persönlichkeit. Aschendorfs. Verlagsbuchhandlung. Münster/Westf., 1957.

FREUD, A.: Einführung in die Technik der Kinderanalyse. Wien 1929. Internat. psychoanalytischer Verlag.

FREUD, S.: Gesammelte Werke. Bd. I—XVIII. London 1941.

FROMM-REICHMANN, F.: Intensive Psychotherapie. Stuttgart 1959.

GEHLEN, A.: Der Mensch, seine Natur und seine Stellung in der Welt. Berlin 1940. Verlag Junker & Dünnhaupt.

GESELL, A.: Körperseelische Entwicklung in der frühen Kindheit. Jena 1925. 5. Aufl.

GIESE, F.: Psychologisches Wörterbuch. Halle 1935. Verlag Marhold.

GULBRANSSON, O.: Simplizissimus. München 1902.

GUTZEIT, L. M.: Vergleich der diagnostischen Möglichkeiten beim Sceno-Test und beim Welt-Test. Aus der Psychiatrischen, Nerven- und Poliklinik der Universität Hamburg. 1058.

HARDING, G.: Förslag till standarisering av lekmaterial för diagnostiskt och terapeutiskt bruk. Särtryck ur Nordisk Medicin 1950.

VON HARNACK, G. A. und WALLIS, H.: Möglichkeiten und Grenzen der Anwendbarkeit des Scenotests. Monatsschr. f. Kinderheilk. 102. 1954.

HAWIE: Hamburg-Wechsler Intelligenztest für Erwachsene. Hrsg. von C. Bondy. Berlin—Stuttgart 1961/62. Verlag H. Huber.

HAWIK: Hamburg-Wechsler Intelligenztest für Kinder. Hrsg. von C. Bondy. Berlin—Stuttgart 1961/62. Verlag H. Huber.

HECTOR: Der Test als seelischer Spiegel. Die Umschau in Wissenschaft und Technik. Umschauverlag Frankfurt/M. Teil 1, H. 7. 1953.

127

HEINBERG, H.: Der Sceno-Test als Mittel zur Erforschung veränderter Verhaltens-weisen bei Tbc-Meningitis-geheilten Kindern. Dissert. Medizin. Fakultät, Köln, 1954.

HEISS und Mitarbeiter: Testuntersuchungen an einem jugendlichen Mörder. Un-veröffentlichter Kongreßvortrag. München 1949.

HETZER, H.: Entwicklungstestsverfahren. Lindau 1950.

HEUBNER: Über die Zeitfolge in der psychologischen Entwicklung des Säuglings und jungen Kindes. Ergebnisse der inneren Medizin und Kinderheilkunde, H. 16. 1919.

HILDEBRAND, U.: Spezifische Verhaltensweisen 10- bis 11jähriger Mädchen, unter-sucht am Thematic-Apperceptions-Test und Sceno-Test. Zulassungsarbeit zur Diplom-Vorprüfung für Psychologen. Berlin, Freie Universität, 1953.

HÖHN, E.: Entwicklungsspezifische Verhaltensweisen im Sceno-Test. Sonderdruck der Zeitschr. f. Psychotherapie u. Medizinische Psychologie, 1. Jg. H. 2. Stutt-gart 1951. Verlag G. Thieme.

HOEYBERGHS, J., ANNONCIADA VAN HULDENBERG: De Sceno-test bij normale kin-deren ontwikkelingsspsychologisch gezien. Dissert. Arbeit, Katolieke Uni-versiteit te Leuven, Instituut voor Toegepaste Psychologie en Opvoedkunde. 1955.

HOEYBERGHS, J., VAN HULDENBERG, A.: Het enige Kind in zijn omgang met het Scenomaterieel. Tijdschrift voor Opvoedkunde, Nr. 4. 1958/59.

HORETZKY, O.: Pantomime in der Gruppentherapie. «Praxis der Psychotherapie» 1960, V, H. 3. 122.

HÜBNER, H. P.: Die Darstellung und Kritik des Sceno-Tests und Picture-World-Tests. Arbeit für die Zulassung zum Vordiplom. Berlin 1960. Friedrich-Humboldt-Universität.

IBSEN, H.: Peer Gynt. Gesammelte Werke. Leipzig. Verlag Phil. Reclam.

JAIDE, W.: Verhalten Pubertierender im Scenotest. Praxis d. Kinderpsychologie und Kinderpsychiatrie. H. 5. 1956.

JAIDE, W.: Alters- und geschlechtstypisches Verhalten im Szenotest. Praxis d. Kin-derpsychol. und Kinderpsychiatrie. H. 2. 1955.

KEMMLER, L.: Ein Fall von Pavor nocturnus. Praxis der Kinderpsychologie und Kinderpsychiatrie, 11/12. 1957.

KEMPER, K.: Kurztherapie eines Falles von chronifiziertem Asthma Bronchiale I und Fortsetzung. Praxis d. Kinderpsychol. und Kinderpsychiatrie, H. 5/6. 1954.

KEMPER, K.: Wiederspiegelung einer Kinderkurztherapie in der Szenotestdarstel-lung. Praxis d. Kinderpsychol. und Kinderpsychiatrie. H. 4. 1955.

KINGMA, R.: Bemerkungen zum gezielten Rollenspiel mit dem Sceno-Test nach W. Zierl. Praxis der Kinderpsychologie und Kinderpsychiatrie, 9. Jg. 1960.

KLEIN, M.: Die Psychoanalyse des Kindes. Wien 1932. Internationaler psychoana-lytischer Verlag.

KLEIN, M.: Contributions to psychoanalysis 1920—1945. London 1948.

KNEHR, E.: Konfliktgestaltung im Scenotest. München—Basel 1961. Verlag E. Rein-hardt.

KÖRHOLZ, G.: Über die Anwendbarkeit des Szenotests in der Kinderklinik. Zeitschr. f. Kinderheilk. 69. 1955.

KOCH, M.: Konstitutionstypus und Umwelt. Zeitschr. f. Psychotherapie und Mediz. Psychol. H. 4. 1954.

KOUWER, B. J.: Tests in der psychologischen Praxis. Utrecht 1952 (in holländischer Sprache).

KRETSCHMER, E.: Körperbau und Charakter. Berlin 1940. Verlag Springer.

KUJATH, G.: Jugendpsychiatrische Begutachtung. Leipzig 1959. Verlag J. A. Barth.

LOEWENFELD, M.: Das Weltspiel. Play in childhood. London 1935. The world-pictures of children. Brit. Journ. of Med. Psychol. 1939.

LÖSCHHORN, E.-R.: Kindliche Autoritätsprobleme untersucht durch Sceno-Test, TAT und CAT. Diplomvorprüfungsarbeit in Psychologie. Psychol. Institut der Johannes-Gutenberg-Universität Mainz 1955.

LÜPNITZ, S.: Einheitsbildungen im Sceno-Test.

MALMIVAARA, K. u. KOLHO, P.: Use of the Sceno and the Rorschach tests in the study of personality in children of kindergarten age. Aurora Hospital, Helsinki. Annales Paediatr. Fenn. Vol. 7. Fasc. 1, 1961.

MALMIVAARA, K. u. KOLHO, P.: The personality of Stuttery children an the age of 5—7 years in the ligth of the Scenotest and Rorschachtest. Annales Paediatr. Fenn. Vol. 8. Fasc. 1, 1962, Fasc. 3, Fasc. 4. Netering of vinarry school-children with ScT and Rorsch.

MORENO, S. J.: Psykodrama. Bern 1944. s. a. I. W. Klapman: Group Psychotherapy Theory and Practice.

MURAY: Thematic Apperception Test Manuel. Havard University Press. 1943.

MURAY: Explorations in Personality. New York 1938. Oxford University Press.

VON POTEN, I.: Die Verwendung des Scenotests zur tiefenpsychologischen Untersuchung des Kindes. Monatsschrift für Kinderheilkunde. 100. 1952.

VON POTEN, I.: Die Beurteilung kindlicher Persönlichkeiten im Scenotest. Monatsschrift für Kinderheilkunde. 101. 1953.

ROGGEMANN W.: Über das Stottern. Praxis der Kinderpsychologie und Kinderpsychiatrie 8. 1959.

RORSCHACH, H.: Psychodiagnostik. Bern 1937. 3. Auflage. Verlag H. Huber.

SCHNEIDER, E.: Psychologie der Jugendzeit. A. Francke, AK Verlag Bern, 1947.

SCHULTE, G.: Über das Verhalten normaler Kinder im Scenotest. Marburg 1949.

SCHULTZ, J. H.: Das autogene Training. Stuttgart 1942. 5. Aufl. Verlag H. Huber.

SCHULTZ, J. H.: Seelische Krankenbehandlung. Jena 1930. Verlag G. Fischer.

SCHULTZ-HENCKE, H.: Der gehemmte Mensch. Stuttgart 1947. Verlag G. Thieme.

SCHULTZ-HENCKE, H.: Lehrbuch der Traumanalyse. Stuttgart 1949. G. Thieme.

SCHWAB, G.: Prüfung des psychischen Zustandes und Entwicklungsganges von Kindern bis zum dritten Lebensjahr. Jahrbuch für Kinderk. 107/1925.

SECHEHAYE, M. A.: Die symbolische Wunscherfüllung. Bern-Stuttgart 1957.

SEIFF, M.: Mündliche Mitteilung.

SLAVSON, S. R.: The practice of group Therapy. New York 1949.

STERN, E.: Die Tests in der klinischen Psychologie. Zürich 1954. Verlag Rascher.

SZONDI: Schicksalsanalyse. Basel 1944. Verlag B. Schwabe & Co.

SZONDI: Experimentelle Triebdiagnostik. Bern 1947. H. Huber.

TERMANN, L. M. and Childs H. G. A.: Mutative Revision and extension of the Binet-Simon Measuring Scale of Intelligence J. Ed. Ps. 3, 1913.

THOMAS, M.: Méthodes des histoires à completer pour le dépistage des complexes et des conflits affectifs enfantins. Archives de Psychologie. Genève 1938. Vol. XXVI.

VETTER, A.: Auffassungstest. Grenzgebiete der Medizin, 1. Jahrg. München 1948. Urban & Schwarzenberg.

WARTEGG, E.: Gestaltung und Charakter. Leipzig 1939. Barth.

WEBER, D.: Mündliches Referat über den Sceno-Test bei psychotischen Kindern und Jugendlichen. Zentralblatt für die gesamte Neurologie und Psychiatrie, Bd. 119. 1952.

WECHSELBERG, K. und H. HEINEBERG: Der Scenotest als Mittel der Erforschung veränderter Verhaltensweisen bei klinisch geheilten Tbc-Meningitiden. Monatsschrift für Kinderheilkunde 101. 1953.

VON WEDEL, M.: Sprech- und Ausdrucksübungen bei kindlichen Neurosen auf Grund des Szenotests. Dissert. Arbeit. Erlangen 1952.

WINKLER, W.: Bericht über den Verlauf einer psychotherapeutischen Behandlung bei einer an Katatonie leidenden Patientin. Internat. Symposium über die Psychotherapie der Schizophrenie, Lausanne 1956. Acta psychotherap., psychosomat. et orthopaedag. 5. 1957.

GRAF WITTGENSTEIN, O.: Die Raumsymbolik im Scenotest. 3. Tagung der Arbeitsgemeinschaft für stationäre Kinderpsychotherapie. Berlin 1957. Praxis der Kinderpsychologie und Kinderpsychiatrie 7. 1958.

GRAF WITTGENSTEIN, O.: Persönliche Mitteilung. 1958.

WOLF, N.: Über bildnerische Ausdrucksweisen Sprachgehemmter. Praxis der Kinderpsychologie und Kinderpsychiatrie 6. Jahrg. 1957.

WORRINGER, W.: Formprobleme der Gotik. 1930.

WUNDERLICH, Ch.: Das Umweltproblem im Scenotest. Das medizinische Bild, 1. Jahrg. 1958.

WYSS, D.: Die psychotherapeutische Behandlung einer paranoid-halluzinatorischen Schizophrenie. Der Nervenarzt, 29. Jahrg. 1958.

ZIERL, W.: Scenotestspiel des diabetischen Kindes. Ärztliche Wochenschr. 1954.

ZIERL, W.: Therapeutisches Rollenspiel im Scenotest. Praxis der Kinderpsychologie und Kinderpsychiatrie 8. Jahrg. 1959.

EIGENE VERÖFFENTLICHUNGEN ZUM SCENOTEST

Spieltherapie beim Kleinkind. Zentralblatt für Psychotherapie und ihre Grenzgebiete. 1940 Verlag S. Hirzel, Stuttgart.

Wie begegne ich den Erziehungsschwierigkeiten beim Kleinkind? Schriftenreihe der Abteilung Erziehungshilfe im Deutschen Institut für Psychologische Forschung und Psychotherapie Würzburg-Aumühle 1940, Verlag Konrad Triltsch.

Der Sceno-Test (Grundlegendes Buch 1. Auflage). 6. Beiheft zum Zentralblatt für Psychotherapie. 1943, Verlag S. Hirzel, Leipzig. 2. neubearbeitete und erweiterte Auflage, 1954 Hirzel, Stuttgart.

Anleitung zum Scenotest. 1. Auflage 1944, 2. Auflage 1952, Scenotest-Verlag Berlin. Vergriffen.

Der Scenotest. Bericht über den Kongreß für Neurologie und Psychiatrie. Tübingen 1947, Alma Verlag, Tübingen.

Der Scenotest. Zeitschrift «Grenzgebiete der Medizin» II. Jahrgang Heft 1, 1949, Urban & Schwarzenberg, Berlin-München.

Erfahrungen mit Gruppentherapie anhand vom Scenotest. Berlin 1951, Arbeitstagung über analytische Therapie und Erziehungshilfe, Kongreßbericht.

Affektiver Kontakt durch Scenotest-Gruppentherapie kombiniert mit autogenem Training und Hypnose. Internationaler Kongreß für Psychotherapie, Leiden/Holland, 1951, A. J. G. Strengholt's Uitgersmaatshappij, Amsterdam.

Stotterheilung durch Wiederholung der einzelnen kindlichen Entwicklungsphasen im Erlebnis einer Scenotest-Spieltherapie. «Psyche» Zeitschrift für Tiefenpsychologie und Menschenkunde in Forschung und Praxis, 1952, 5. Jahrgang, Ernst Klett Verlag, Stuttgart.

Der Scenotest in Diagnostik und Therapie. Monatszeitschrift für Kinderheilkunde, Bd. 101, Heft 3, 1952, Springer-Verlag Berlin-Göttingen, Heidelberg.

Scenotest und Schicksal. Der Psychologe, Sonderheft 7/8 Bd. V, 1953, GBS-Verlag Schwarzenburg, Bern.

Wie kann der Arzt bei Erziehungsschwierigkeiten helfen? Kindernöte. Verlag Öffentliches Leben GmbH., Hamburg 1950.

Scenotest-Therapie bei Kinderneurosen. Krankheit und Kranksein. 1952 Heft 11. Carl-Schünemann-Verlag, Bremen.

Der Scenotest. Die Vorträge der 4. Lindauer Psychotherapiewoche 1953. Georg Thieme Verlag, Stuttgart.

Scenotest-Therapie bei psychogenen Sprachstörungen. Folia Phoniatrica, Journal International di Phoniatrie, 1954, Verlag S. Karger Basel/New York.

Tiefenpsychologische Zusammenhänge in Kinderneurosen und ihre Therapie in der ärztlichen Praxis. Die Vorträge der 5. Lindauer Psychotherapie-Woche 1954, Georg Thieme Verlag, Stuttgart.

Die Behandlung einer Schizophrenie unter besonderer Berücksichtigung der Handhabung der Übertragung. Acta Psychotherapeutica 1954, Verlag S. Karger, Basel/New York.

Psychologie des Kindes vom Kleinkind bis zur Reifezeit. Sexuelle Erziehung in Elternhaus und Schule, herausgegeben von Winfried Schimmel und Karl Heinz Grothe, Berliner Medizinische Verlagsanstalt. 1954.

Schulschwierigkeiten in tiefenpsychologischer Sicht. Praxis der Kinderpsychologie und Kinderpsychiatrie, Heft 2/3, 1955. Verlag für medizinische Psychologie, Göttingen.

Der Scenotest in der Kinderpsychotherapie, Vortrag in einer Vortragsreihe für Schulzahnärzte. Schulgesundheitsfürsorge. Herausgegeben vom Senator für Gesundheitswesen, Berlin, 1955.

Beitrag zur Verifikation einiger psychoanalytischer Grundpositionen mit Hilfe des Scenotests. «Der Psychologe», Psychol. Monatsschrift, Sonderheft 5/6 1956, GBS Verlag, Schwarzenburg, Bern.

Propos sur la technique de la thérapie des enfants. Maieutique No. 1, 1957, G. Mastopaolo, Lausanne.

Der Scenotest als Mittel in der Behandlung einer Schizophrenie. Acta Psychotherapeutica, 1957, Verlag S. Karger, Basel/New York.

Psychotherapeutische Behandlung einer 15-jährigen psychotischen Patientin in Verbindung mit dem Scenotest. Kongreßbericht des 2. internat. Kongresses für Psychiatrie Band III, Zürich 1957.

Psychothérapie de l'incontinence d'urgine nocturne. Maieutique, Revue de technique psychopédagogique No. 7 1958, Mastropaolo, Lausanne.

Psychotherapie bei Enuresis. Ärztliche Praxis, X. Jahrgang Nr. 36, 1958. Verlag E. Banaschewski, München-Gräfelfing.

Tagung der deutschen Arbeitsgemeinschaft für stationäre Kinderpsychotherapie, Schweizerische Medizinische Wochenschrift 88, Jahrgang 1958.

Le jeu moyen d'atteindre la vie psychique de l'enfants. Maieutique, Revue de technique psychopédagogique No. 5, 1958. Mastopaolo, Lausanne.

Gruppentherapie in der Psychotherapeutischen Abteilung des Berliner Hauptkinderheimes Ruhleben, Der Rundbrief, Fachliches Mitteilungsblatt des Senators für Jugend und Sport, Berlin, Nr. 5/6, 1959, Verwaltungsdruckerei Berlin.

Wirkungsweise des Scenotests in der Gruppentherapie. Acta psychotherapeutica, 1959, Verlag S. Karger, Basel/New York.

Einblicke in die psychotische Erlebnisweise einer 15-jährigen Patientin anhand des Scenotests. 2. Internationales Symposium über die Psychatherapie der Schizophrenie, 1960, Verlag S. Karger, Basel/New York.

El Scenotest; Medio Auxiliar para diagnostico y terapia, 1961 in Los Tests. Scekely. Verlag Kapelucz, Buenos-Aires. 2. Aufl.

SACHREGISTER

ANHANG

BEOBACHTUNGSBOGEN ZUM SCENOTEST

A. *Wesensart und Charaktereigenschaften der Vp*

I. Beobachtung des Verhaltens zur Umgebung.
  1. zu dem Untersucher
  2. in der neuen Situation

II. Beobachtung des Verhaltens im Spiel.
  1. Handhabung des Scenotestmaterials
     (Initiative — Selbstsicherheit — Gehemmtheit u. a.)
  2. Gestaltung des Spieles
     (Produktivität und Gestaltungsfreude — Originalität und Phantasie — Selbständigkeit — Temperament — Gefühlsbetontheit — Farben, Wirklichkeitssinn u. a.)
  3. Intelligenz im Spiel
     (Der Altersstufe entsprechend — dem Spielmaterial angepaßt — Herausfinden der technischen Besonderheiten des Spielmaterials zur Ausdruckgestaltung, zum Gebärdenspiel und scenischen Aufbau)
  4. Aufmerksamkeit
     (Tenacität und Vigilität — Intensität — Ausdauer u. a.)
  5. Persönliches Tempo und Eigentümlichkeiten der allgemeinen Motorik
  6. Manuelle Geschicklichkeit.

B. *Spezielle Problematik der Vp*

  1. Beobachtung der b e w u ß t e n Beziehungnahmen der Vp zu den einzelnen Puppenfiguren:
     a) Auswahl der im Spiel auftretenden Puppen und ihre Rollenzuteilung
     b) Behandlung der einzelnen Puppenfiguren im Verlauf der Darstellung
  2. Beobachtung der u n b e w u ß t e n Beziehungnahme der Vp zu den Puppenfiguren:
     a) im Aufbau der Gesamtscene:
        in den Gesten
        im Agieren
        in ihrer inneren Beziehungsetzung zueinander.
  3. Beobachtung der Verwendung des übrigen Materials:
     a) zur Ausgestaltung des Scenenbildes und des Geschehens
     b) zur Charakterisierung der im Spiel auftretenden Puppenfiguren als Repräsentanten bestimmter Personen
     c) als Ausdruck bewußter und unbewußter Tendenzen in Handlung und Scenerie.
  Einzubeziehen sind:
     a) Spontanäußerungen zu der Scene
     b) Auf Aufforderung gebrachte Einfälle.

PROTOKOLL ZUM SCENOTEST

Ort der Untersuchung: Datum:

Name: Alter:

ScT. bei Erstunters.:

    in 1., (2.), (3.) Behandlungsstunde:

Symptomatik:

Skizze oder Foto der Scene:*) Die Figuren sollen darstellen:

$$Va_1 =$$
$$Va_2 =$$

Kurze Beschreibung der Scene:

    formal:

    inhaltlich:

Kennwort:

Verhalten der Vp während des Versuches:

Spontane Angaben der Vp sowie Antworten und Einfälle auf Befragen:

Thematik des ScT.:

Besondere Hinweise auf die Problematik: (unter Berücksichtigung der Anamnese)

    Name des Versuchsleiters

*) Als Abkürzungen für die schriftliche Fixierung und Zeichnung der Scene haben sich für die Figuren die im Material-Verzeichnis (S. 146) angegebenen Abkürzungen eingebürgert. Bäume, Tiere und andere Zubehörteile können durch Wortbereicherung oder Skizzierung angedeutet werden.

VERZEICHNIS DES V. STAABS-SCENOTEST-MATERIALS

I. Puppenfiguren

Grossvater	GV	Schulmädchen	M
Grossmutter	GM	Schuljunge	J
Vater im Strassenanzug	Va$_1$	kleines Mädchen	m
Vater im Hausanzug	Va$_2$	kleiner Junge	j
Mutter im Strassenkleid	Mu$_1$	Zwilling rosa	Zr
Mutter im Hauskleid	Mu$_2$	Zwilling blau	Zb
Arzt	Dr	Prinzessin	P
Hausgehilfin	Ha	Baby im Steckkissen	B

II. Bausteine

III. Zusatzmaterial

Tiere	Symbolfiguren	Alltagsgegenstände
Kuh	Schneemann	Sessel
Fuchs	Heinzelmann	Liegestuhl
Krokodil	Engel	Litfaßsäule
Ganter		Puppenklosett
Hund	**Bäume und Beete**	Nachttopf
Storch	große Tanne	Waschbottich
gr. Schwein	kleine Tanne	Melkeimer
kl. Schwein	Laubbaum	Spaten
Henne	Apfelbaum	Klopfer
2 Küken	Pappel	Schultafel
pickend	3 Beete	Schulranzen
stehend	1 oval	Milchflasche
Affe	2 rechteckig	Tablett
Vogel		Kanne, 4 Becher
	Blumen	Teller
Fahrzeuge	Margerite	Decke
Eisenbahn	Tulpe	Fell
Rennwagen	Vergißmeinnicht	Karfunkelstein
Stadtwagen		

Früchte
2 Äpfel – 2 Birnen –
2 Bananen – 2 Kirschen –
2 Pflaumen

Holzkasten mit Deckel als Versuchsfläche, Unterteilungskästen, Lederriemen, Griff, 4 Schrauben für Griff.

Bezugsquelle für den Scenotest-Kasten: Bitte beachten Sie die Anzeigen nach S. 170

Mutter im Straßenkleid — Hausgehilfin — Mutter im Hauskleid — Schulmädchen — Kleines Mädchen — Zwilling rosa

Großvater — Großmutter — Prinzessin — Baby

Sessel Puppenklo

Vater im Strassenanzug — Arzt — Vater im Hausanzug — Schuljunge — Kleiner Junge — Zwilling blau

Litfassäule Hund Lederriemen

blau
rot
grün
gelb
blau/gelb
rot/rot
grün/grün
blau
rot
gelb
blau/rot
grün/gelb
rot
gelb
rot

grün

rot — grün — rot — grün — rot
grün — rot — grün
rot

g — e — l — b

Eisenbahn Liegestuhl

Krokodil Klopfer

5 Bäume
3 Beete
Tablett

Spaten
Stadtwagen
Griff

Rennwagen
Schulranzen

Fuchs
Vogel
Affe
gr. Schwein
kl. Schwein

Ganter
Storch
Henne
2 Küken

Heinzelmann
Schneemann
Engel
Schultafel

Melkeimer
Waschbottich

K.h
Fell

Karfunkelstein
Milchflasche
Nachttopf
Krug, Teller
4 Becher, Decke
3 Blumen
10 Früchte
4 Schrauben

VERZEICHNIS DER ABBILDUNGEN

Farbige Abbildungen:

Abb. 1 (S. 13) v. Staabs-Scenotestmaterial
Abb. 2 (S. 39) Kind im Walde
Abb. 3 (S. 65) Baum in Kreuzesform
Abb. 4 (S. 75) Vaterfigur an Kreuz geschlagen

Schwarz-weiße Abbildungen:

Abb. 5 (S. 23) Gestiefelter Kater
Abb. 6 (S. 38) Vater in der Schulbank
Abb. 7 (S. 43) Endlos lange Straße
Abb. 8 (S. 43) Adoptivkind
Abb. 9 (S. 45) Beichtstuhl
Abb. 10 (S. 46) Kirchen-Innenraum
Abb. 11 (S. 55) Fuchs kommt um die Ecke
Abb. 12 (S. 59) Junge weckt schlafenden Vater
Abb. 13 (S. 49) Schwester begraben
Abb. 14 (S. 52) Totenwagen
Abb. 15 (S. 52) Sterbenacht
Abb. 16 (S. 57) Baby wird geopfert
Abb. 17 (S. 63) Ein Kind schwankt zwischen den Eltern
Abb. 18 (S. 64) Ein Kind ist gestürzt
Abb. 19 (S. 70) Vater muß sich gegen das Krokodil wehren
Abb. 20 (S. 71) «Vater auf Vater ist ganz großer Vater»
Abb. 21 (S. 73) «Stier wütet»
Abb. 22 (S. 74) Theatergebäude mit Wetterfahne
Abb. 23 (S. 74) Frau dressiert Stiere
Abb. 24 (S. 75) Deichbruch
Abb. 25 (S. 62) Kind auf unsicherer Brücke
Abb. 26 (S. 77) Geist erscheint
Abb. 27 (S. 79) Hausmädchen dirigiert gemischten Chor
Abb. 28 (S. 80) Konkurrent
Abb. 29 (S. 85) Zwei sind Freund miteinander
Abb. 30 (S. 85) Hündchen auf der Brücke zwischen Nachbarshäusern
Abb. 31 (S. 86) Aufbau eines Gemeinwesens
Abb. 32 (S. 103) Schwiegermutter
Abb. 33 (S. 87) Turm mit Milchflasche auf der Spitze
Abb. 34 (S. 87) Kletterturm
Abb. 35 (S. 87) Fassadenhafte Kirche
Abb. 36 (S. 92) Schnellboot
Abb. 37 (S. 92) Einzelgänger
Abb. 38 (S. 106) Mutter reitet mit dem Jungen auf dem Hündchen
Abb. 39 (S. 96) Dachgarten
Abb. 40 (S. 96) Krokodil frißt kleine Schwester
Abb. 41 (S. 121) Kleinkindjunge allein auf der Versuchsebene
Abb. 42 (S. 121) Baby auf dem Rücken der Kuh

ABBILDUNGEN

Abb. 1 (S. 13)   v. Staabs-Scenotest

Abb. 2 (S. 39)   Kind im Walde

150

Abb. 3 (S. 65)   Baum in Kreuzesform

Abb. 4 (S. 75)   Vaterfigur ans Kreuz geschlagen

Abb. 5 (S. 23)   Gestiefelter Kater

Abb. 6 (S. 38)   Vater in der Schulbank

152

Abb. 7 (S. 43)   Endlos lange Straße

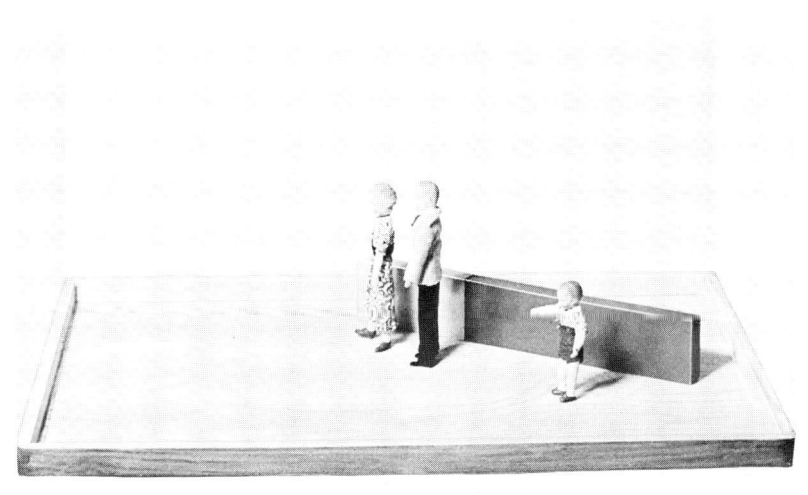

Abb. 8 (S. 43)   Adoptivkind

Abb. 9 (S. 45)   Beichtstuhl

Abb. 10 (S. 46)   Kirche — Innenraum

Abb. 11 (S. 55)   Fuchs kommt um die Ecke

Abb. 12 (S. 59)   Junge weckt schlafenden Vater

Abb. 13 (S. 49)   Schwester begraben

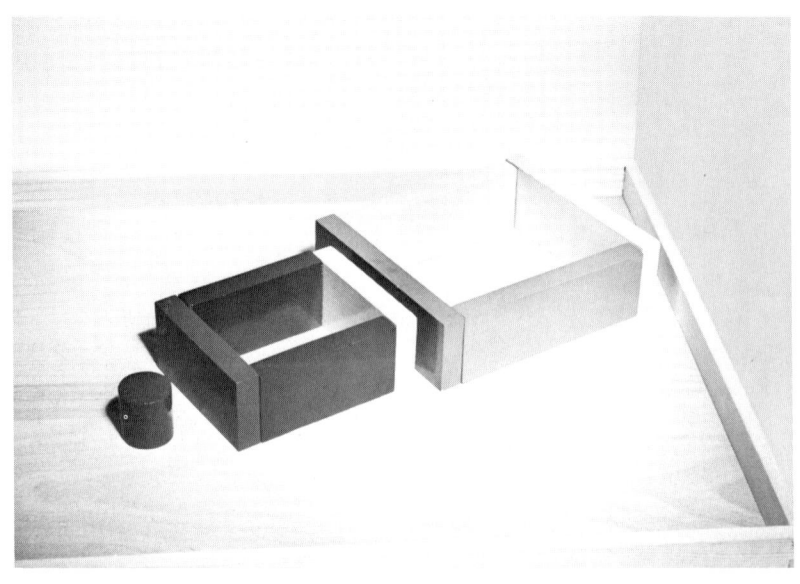

Abb. 14 (S. 52)   Totenwagen

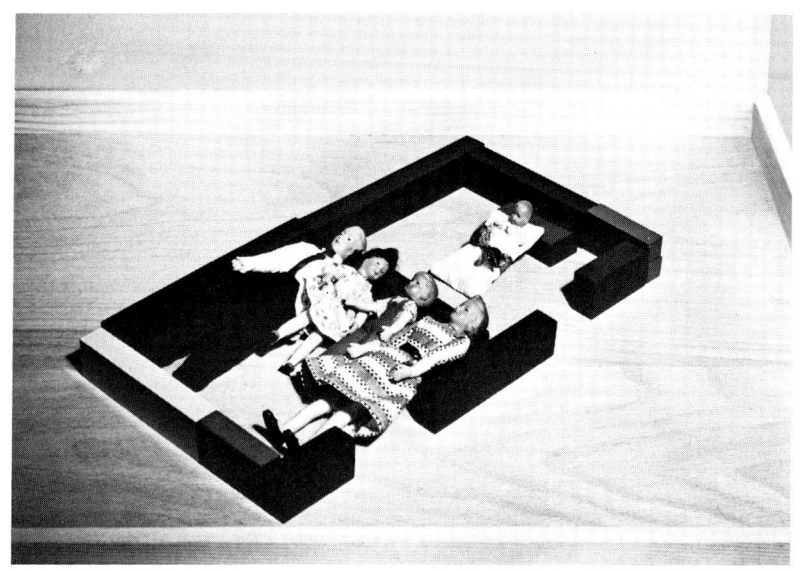

Abb. 15 (S. 52)   Sterbenacht

Abb. 16 (S. 57)   Baby wird geopfert

Abb. 17 (S. 63)   Ein Kind schwankt zwischen den Eltern

Abb. 18 (S. 64)   Ein Kind ist gestürzt

Abb. 19 (S. 70)   Vater muß sich gegen das Krokodil wehren

Abb. 20 (S. 71)   «Vater auf Vater ist ganz großer Vater»

Abb. 21 (S. 73)   «Stier wütet»

Abb. 22 (S. 74)   Theatergebäude mit Wetterfahne

Abb. 23 (S. 74)   Frau dressiert Stiere

Abb. 24 (S. 75)   Deichbruch

Abb. 25 (S. 62)   Kind auf unsicherer Brücke

Abb. 26 (S. 77)   Geist erscheint

Abb. 27 (S. 79)   Hausmädchen dirigiert gemischten Chor

Abb. 28 (S. 80)   Konkurrent

Abb. 29 (S. 85)   Zwei sind Freund miteinander

Abb. 30 (S. 85)   Hündchen auf der Brücke zwischen Nachbarhäusern

Abb. 31 (S. 86)   Aufbau eines Gemeinwesens

Abb. 32 (S. 103)   Schwiegermutter

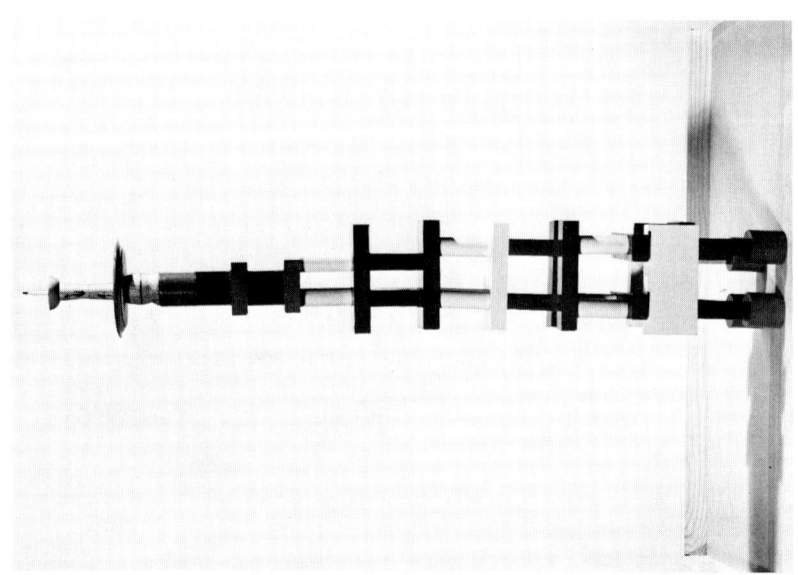

Abb. 33 (S. 87)   Turm mit Milchflasche auf der Spitze

Abb. 34 (S. 87)   Kletterturm

Abb. 35 (S. 87)   Fassadenhafte Kirche

Abb. 36 (S. 92)   Schnellboot

Abb. 37 (S. 92)   Einzelgänger

Abb. 38 (S. 106)   Mutter reitet mit dem Jungen auf dem Hündchen

Abb. 39 (S. 96)   Dachgarten

Abb. 40 (S. 96)   Krokodil frißt kleine Schwester

169

Abb. 41 (S. 121)   Kleinkindjunge allein auf der Versuchsebene

Abb. 42 (S. 121)   Baby auf dem Rücken der Kuh

Zusatzmaterial zum Scenotest

Sieben zusätzliche Testteile in separater Schachtel: Einhorn – Elefant – farbloser Karfunkelstein – Fernseher – Löwe – Prinz – Schrubber

Bei der Auswahl der Zusatzteile wurde sorgfältig darauf geachtet, dass der Scenotest seine breite Akzeptanz in allen Bereichen behält, eine einseitige Ausrichtung auf bestimmte Therapie-Schulen wurde vermieden.

G. von Staabs, **Scenotest Zusatzmaterial**
Bestellnummer 03 035 03; € 128.00 / CHF 228.00